《苏州工业记忆》编委会

主　任
周伟强

副主任
程华国　周晓敏

编委
谢　芳　王东军　陈兴南　涂海燕　陈瑞近

主　编
谢　芳

副主编
王东军

编　辑
夏　冰

特约编辑
周　丹

苏州工业记忆

苏州市政协文化文史委员会 编著

苏州大学出版社

图书在版编目（CIP）数据

苏州工业记忆 / 苏州市政协文化文史委员会编著.
——苏州：苏州大学出版社，2021.12
ISBN 978-7-5672-3822-0

Ⅰ．①苏… Ⅱ．①苏… Ⅲ．①工业史—苏州 Ⅳ.
①F429.533

中国版本图书馆CIP数据核字（2021）第265262号

Suzhou Gongye Jiyi
书　　名：	苏州工业记忆
编　　著：	苏州市政协文化文史委员会
责任编辑：	倪浩文
出版发行：	苏州大学出版社（Soochow University Press）
社　　址：	苏州市十梓街1号　邮编：215006
印　　刷：	苏州市越洋印刷有限公司
邮购热线：	0512-67480030
销售热线：	0512-67481020
开　　本：	700×1000　1/16
印　　张：	12
字　　数：	94千
版　　次：	2021年12月第1版
印　　次：	2021年12月第1次印刷
书　　号：	ISBN 978-7-5672-3822-0
定　　价：	150.00元

凡购本社图书发现印装错误，请与本社联系调换。服务热线：0512-67481020

前言

明清时期，苏州工商业极为发达，是全国重要的丝织业中心和商贸中心。甲午战争后，在"工业救国"思潮影响下，苏州一批开明士绅开始兴办工厂，发展生产，以挽回利权，强国富民。光绪二十一年（1895），官督商办的苏纶丝厂和苏纶纱厂创办。此后，苏纶纺织厂、振亚织物公司、东吴绸厂等相继问世。苏州因此成为中国最早出现近代民族工业的城市之一。改革开放以后，长城电扇、香雪海电冰箱、孔雀电视机、春花吸尘器在国内异军突起，成为苏州工业产品的形象代表，苏州人自豪地称之为"四大名旦"。

特定时期的工业发展，给一代人乃至几代人留下了难以磨灭的记忆。这些工业记忆是地方发展过程中不可磨灭的印记，是古城历史文化资源的重要组成部分，其中蕴藏着的艰苦奋斗的创业精神、积极进取的拼搏精神和精益求精的工匠精神，随着时代的变迁而尤显珍贵。

为留住这些珍贵的记忆，苏州市政协文化文史委员会组织专业团队，花了近4年时间，对以往各工业企业进行全面排摸，并在各行业协会的大力支持下，采访历史亲历者，进行口述史料的收集与整理工作。通过抢救与挖掘口述史料，从不同侧面和角度客观地反映了为苏州经济发展做出巨大贡献的苏州本地工业的发展历程，丰富了那个时期苏州工业企业的人文内涵，也留住了人们对以往生活的难忘回忆。

《苏州工业记忆》这本文史资料的编辑出版，对于以往的研究而言，是填补空白的一项工作，同时也体现了政协文史资料一贯所秉持的"亲历、亲见、亲闻"的特色，展现了新时代人民政协文史资料工作的价值和意义，在推动苏州经济社会高质量发展中贡献政协智慧和力量。

感谢苏州科技大学历史系沈骅老师团队为收集整理口述史料所付出的辛劳，感谢苏州工业经济联合会、轻工业协会、纺织工业协会和电子信息行业协会等行业协会的大力协助，也感谢徐刚毅老师、苏州市档案局为本书提供历史图片。

2021年9月

目录

苏州电冰箱厂
毛炳泉访谈 ... 001

苏州电视机厂
赵人健访谈 ... 011
蒋平访谈 ... 023

苏州电扇厂
蒋纪周访谈 ... 035
赵荷朔访谈 ... 042
孙金林访谈 ... 047

苏州吸尘器厂
肖健夫访谈 ... 055
殷国良访谈 ... 065
杜建华访谈 ... 069

苏州手表总厂
陈大厦访谈   073
丁炜柏访谈   085

苏州家具一厂
倪国梁访谈   097
朱依文访谈   105

苏纶纺织厂
史博生访谈   109
吴国林访谈   119
薛霞云访谈   125
李小密访谈   133
黄淑韵访谈   143
王霞影访谈   155
狄兰花访谈   163

苏州针织总厂
陈椿年访谈   171
吴鸿烈访谈   178

苏州电冰箱厂

毛炳泉访谈

口述者：毛炳泉
访录整理：夏 冰
访谈时间：2018年4月9日
访谈地点：久龄养老院7号楼

问：请您简单介绍一下自己。

答：我是昆山人，1938年4月3日生于甪直。当时正值抗战，全家从昆山城逃难至甪直，所以我出生在那里。我16周岁从昆山中学初中毕业，考入军事干校。1978年部队转业，回到苏州。

问：您转业到苏州被派在哪个单位？

答：1978年10月，我被派至二轻局下属的第二轻工机械厂，担任党总支副书记。1979年初，党总支书记姚德庆调离，我就担任党总支书记了。当时没有厂

苏州电冰箱厂
原为苏州平江医疗刀剪厂,1976年承接中国科学器材公司医疗用电冰箱加工任务,于1978年投产,1983年3月定名为苏州电冰箱厂。1985年从意大利引进生产流水线,生产自动化程度提高,所产香雪海电冰箱成为国内知名品牌。

长,我党、政一把抓,另有两位副厂长,一位姓陈,另一位是董立民。

问:第二轻工机械厂主要生产什么产品?

答:该厂主要生产机床、铣床、刨床、压铸机等机械产品。

问:您刚到该厂,厂里是怎样的情形?

答:我刚到厂里,轻工部就命令该厂停产整顿,停了4个月。整顿好了,要报轻工部验收。一停产,厂里将近1 000名工人的工资都发不出来。

问:整顿好以后呢?

答:我们就调整机械产品,研制生产了一种新产品——压铸机。为啥要搞这个?是因为当时电扇行业在发展,电风扇的一些部件需要压铸,所以我们生产这种机床是适应家电产品发展的。事实证明,我们生产压铸机的决策是正确的。后来,生意好得不得了,不仅是电扇,只要有浇铸需求,我们就可以开各种模具。

问：后来，您在生产上有什么新的举措？

答：此后，我的思路就是广开渠道。后来正好二轻局下属有家厂要转产，里面有个生产洗衣机的试制小组要解散，我就争取过来，放在厂里成立洗衣机车间。以原试制小组的五六个人作为骨干，分别担任车间主任、副主任、技术员，然后我派厂技术科副科长与技术工程师一起帮助他们设计洗衣机，生产出来的洗衣机就是我们苏州人后来熟知的"白云泉"洗衣机。

问：第一台"白云泉"洗衣机是哪一年出产的？

答：1979年整顿成功，1980年第一台"白云泉"洗衣机就出来啦。刚开始，是单筒的，只洗涤，衣物要用手绞干。我觉得不行，后来第二年就生产双筒的，既能洗涤，又能甩干。

问：洗衣机生产出来后，工厂的效益如何？

答：当年就扭亏为盈。当时江苏省生产洗衣机的工厂，无锡小天鹅洗衣机是引进的，我们是自制的，小天鹅还在亏损，我们就盈利了。我们是机械厂，有优势，成本低，可以大批量生产。

问：那下来的发展顺利吗？

答：1981年，洗衣机生产分出去，成立家电二厂，年生产量低，发生亏损。1982年，局里找到我，说要把家电二厂还给我，于是又合并。

问：那你们厂后来怎么又生产电冰箱的呢？

答：1982年，二轻局党委决定将平江医疗刀剪厂并入我厂，其中有一车间在生产200升医用冰箱，被我看中了。我就将生产医用冰箱的人员吸收进我厂，生产冰箱的资料也一起带过来，这样冰箱生产就起步了。当年6月挂牌，挂3块牌子，分别是"二轻机厂""洗衣机厂""冰箱厂"，实际上就是一个单位。

问：第一台家用冰箱是什么时候生产出来的？

答：当年7月就开始生产了，把医用冰箱改为家用冰箱，生产80升的家用冰箱。没两个月就生产出来了，到年底生产出4 180台冰箱。经省里检测，被评为优质产品。1982年，轻工部就把我厂列为全国冰箱生

苏州洗衣机厂
1983年第二轻工机械厂洗衣机车间划出，单独建立苏州洗衣机厂，并进行全面技术改造，形成大批量生产能力，其产品商标为"白云泉"。1984年

产的5家骨干厂之一,其余4家分别是北京、上海、杭州、青岛的冰箱厂。

问:怎么生产的效率会这么高?

答:原先是由一位工人进行总装,效率太低,我就推行手动流水线作业,把食堂改为冰箱总装车间,提高了效率。另外,我们厂技术力量足,把原先设计不合理的地方都进行了改进,铝材换成铜材,制冷效果好,压缩机由国产改为进口,焊接改为一次成型,质量就好了。冰箱生产好了,还要在厂里通电观察3天,看看有没有问题;有一点儿问题,就要返工。这样的话,出厂的冰箱每台都能保证质量。只顾产量,不讲质量,就会出问题。

问:当时是谁为洗衣机与冰箱取名"白云泉"与"香雪海"的?

答:是我说的用"白云泉",有谁帮我参谋我记不清了,当然也要听听大家的意见,大家觉得蛮好,于是最终由我定名。"香雪海"的名字也是由我定名的。这两个是苏州有名的景点,我都去过。

香雪海电器广告

问：冰箱厂第一次引进意大利生产线是什么时候？

答：1983年，引进意大利凯梯公司10万台冰箱生产的流水线，这在苏州是比较早的。所以第一次提出年产10万台冰箱的目标，到了省轻工厅，他们认为我们苏州人疯了，并讽刺说："你们要这么多冰箱用来冰萝卜干吗？"我说，要从发展看，不能光看眼前，10万台冰箱不是马上就能成功产出的，也要一步步来的。

问：您在冰箱厂工作了多久？

答：1983年5月轻工局成立家电工业公司，我就调到家电公司任党委书记了。第一年还兼冰箱厂书记，1984年就不兼了。冰箱厂是归家电工业公司管的。

问：家电工业公司在哪里办公的？

答：阊门。

问：家电工业公司下辖哪些厂？

答：有电扇厂、冰箱厂、洗衣机厂、吸尘器厂（由长江五金厂转制）、电饭锅厂（家电三厂）、电镀厂。

问：那后来呢？

答：1987年，家电公司被撤销，我就去经委搞企业管理了，担任苏州市企业管理协会秘书长。后来，我去冶金工业公司任副经理，又调到经委直属的工业供销公司，将此公司改为经贸总公司，后来又回到冶金局，最后在冶金局退休。

苏州电视机厂

赵人健访谈

口述者：赵人健
访录整理：沈 骅、赵安琪
访谈时间：2020年8月11日
访谈地点：吴中区民生综合服务中心四楼

问：请您先介绍一下自己。

答：我叫赵人健，1943年出生。我从1961年开始就在电视机厂的前身工艺玩具厂工作，并在2003年电视机厂改制前退休了。

问：电视机厂的历史是怎样的？

答：电视机厂原来是一个在装驾桥巷的工艺玩具厂，20世纪60年代的时候就是做出口木制玩具的，人数也不少，有近五百个人。后来到70年代我们和第三电子仪器厂合并，合并后还叫第三电子仪器厂，由此

苏州电视机厂
原名苏州第三电子仪器厂,1973年被四机部定为电视机发展重点企业,更名为苏州电视机厂,1975年第一条装配线建成。1983年至1985年又引进国外的先进设备进行技术改造,生产孔雀牌黑白和彩色电视机,产品先后被评为国家和部、省优质产品。图为电视机生产流水线,1985年

转到生产电子产品。最早的时候生产扩音机，当时销路蛮好的。后来还做其他产品，如汽车配件、漆枪。到1973年，电子工业部要在全国发展电视工业，当时的部长到苏州来，就明确苏州跟韶山两家是专业的电视机工厂，部长还给厂取了名字，就叫苏州电视机厂。部里面、江苏省、苏州市三级配套，一共拨款600万元。我们的目标是搞一条流水线，搞一个专业的厂房。市里对此给予了很大的支持。厂是在拙政园后面一墙之隔的空地上造起来的。

问：当时的创始人是谁？

答：我们电视工业的发展不能忘记一个人，他叫刘保光，是我们电视机厂的创始人，他是从组织部调到我们厂里来的。我们体制上从"集体厂"发展到"大集体厂"再到全民所有制企业，就是和刘保光有关的。刘保光当时是我们的主任，后来当了书记。

问：您那时候是做什么工作呢？

答：我是学习生产管理的，当时我还被派到上海去学习。生产电视机所用的显像管是成都七七三厂生产的，

"文革"时曾经停产。后来我到成都去找他们的总负责人。他是一个吴江人，因为大家是老乡，所以恢复生产以后第一批显像管就供给我们厂了。有多少显像管就可以生产多少电视机。后来我们的技术也开始发展，从纯电子管改为分立器件和电子管结合，通道部分是分立元器件的，后面高压的部分是电子管的。

问：当时生产出来就叫"孔雀电视"？

答：第一台电视机出来，我们取名叫"全球红"，结果讨论认为政治色彩太浓，毕竟是商品，后来就改名"孔雀牌"，还成了苏州家电四大品牌之一。那个时候局里有一个重大决定：第一电子仪器厂过来13个技术人员开发9英寸（1英寸=2.54厘米）黑白电视机。元器件价格比较高，在开始的时候做电视机是亏损的，我们因此有财政补贴的。我们亏多少国家就补多少。后来还生产12英寸、14英寸的黑白电视机。特别是12英寸的，200多块钱，大家买得起。电视机生产出来了，一开始是由苏州五化交公司统一销售。

问：生产最高峰是什么时候？

答：生产最高峰就是在毛主席逝世后，大家都要买电视机看追悼会。当时我们仓库里的机器在返修，修好了以后也全部发货。到了（20世纪）80年代，就慢慢开始向彩电方向发展。那时我们电视机厂的厂长是孙水土，中国科技大学毕业的，他为厂里技术的发展奠定了基础。彩电基本上是用集成电路的，为此我们选择了一个很好的合作伙伴，就是日本的索尼。关键技术都是进口它们的。索尼对我们生产的电视机占领国内的彩电市场起了很大作用。到1988年最兴旺的时期，彩色电视一张票到玄妙观要卖1 000块，也可以换两张冰箱票。

问：请再谈谈合资的事情。

答：到了90年代，我们和飞利浦进行谈判，整整谈了两年。谈成了以后呢，苏州飞利浦作为一个合资企业，我们占股49%，飞利浦公司占股51%，就在狮山路88号搞了新厂房。冯大江作为我们合资企业的董事长，飞利浦方面派人担任总经理，我也是中方的三名董事之一。到1994年的8月正式生产。我们的员工有一部分的人转入合资企业。当时全厂的员工一共是2 088人，合同规定我们可以有1 400多名员工进入合资企业，这样一来老厂还留了一部分人。我们所有的销售渠道和销售产品全部要进合资企业，带显示类产品的也要全部进入。合同还规定用800多万元来安置剩下的员工。在开始的一两年中还有"孔雀牌"电视机销售，但是到第三年之后，挂"孔雀"牌的电视机在市场上的销售价明显低于"飞利浦"牌的。

问："孔雀"卖得比"飞利浦"便宜，为什么呢？
答："飞利浦"是个进口牌子啊，国外商家都愿意挑"飞利浦"的。后来电视机之外，我们又追加投资了，两家合作投资了一个显示器工厂，生产电脑上的显示器。

问：孔雀电视当时最高级别的广告做到哪里？
答：没有到中央台，但很多地方台都做的。

问：合资以前，孔雀电视在技术上面与同类产品比，它领先在什么地方？它好像获过轻工部的奖。

答：我们每年都要进行电视机的评奖。年度评比，我们每一次都名列前茅，至少第三名。对于质量控制，我们有一个强大的测试体系，为此进口了好多的测试设备。我陪一些人来参观，首先要带他们到测试中心去看。我们内部健全了元器件的认定资格。元器件不是直接来了就用上去的。再加上我们有售后服务，有维修部。

问：当时的研发人员有多少？

答：我们当时全厂加起来大约是2 088人。研发人员加起来大概要有50名。

问：请再谈谈彩色电视机的发展。

答：大概1984年、1985年吧，那时候我们的彩电生产是有创新的，特别是遥控器。原来我们的日立电视机，预设都只有8个台，超过8个台就不好用了。而遥控器则可以任意调的，没有了台数的限制。

问：最红火的时期，在全国销量能排上前三名吗？

孔雀电视机广告

答：我们最红的时候，一年生产106万台彩色电视机。还有多个分厂，如电视机厂四分厂是做外壳的。吴江的六分厂，做单板的，插件、波峰焊加工，检测好了以后再送过来。当时昆山也有分厂，都是当地人。还有长桥也有分厂。

问：这些人属于在2 088个人里面吗？
答：不属于的，我讲的是本部的。

问：他们有法人代表吗？
答：苏州四分厂就是我们下面的一个厂，但人员很多是他们自己的。

问：那你们这个厂只能说是总厂有2 000多人？
答：对。我们后来发展到孔雀集团要5 000多人。

问：孔雀集团是什么时候？
答：孔雀集团是1996年以后。

问：1996年不是已经合资了吗，合资了怎么还能发展成孔雀集团呢？

答：是合资了。孔雀集团是苏州市四大工业集团之一。杨晓堂书记主持苏州市委工作时，让四大集团平行独立于电子局的。当时很多工厂作为分厂加入进来，大部分是困难企业。改制之前，困难企业很多，国家减轻包袱，我们要背起来。

问：那么孔雀集团和合资企业是什么关系呢？孔雀集团生产孔雀电视吗？

答：完全独立，两回事。（孔雀集团）不生产孔雀电视的。合资合同规定的，包括带显示屏的产品都不好生产。但挂"孔雀牌"无所谓。

问：合资以后孔雀电视后来怎么样？

答："孔雀"的技术水平跟"飞利浦"有一定差距。飞利浦公司刚刚造工厂，我还经常去看的。它要建24个平台。什么平台呢，就是仓库对接集装箱的口子。我们当时感觉用不了这么多，但到后来平台还不够用，集装箱车子都在大院里面等。这个发展趋势我们当时就没有考虑到。还有就是产线的室温，外方经理坚持要 18℃以下，我们想 20 ℃也问题不大，所以我们的设计方案就是 20℃，当时也有争议。但是从长远来看，这个是有一定道理的。至于销量，你无法和飞利浦公司来竞争的。我们国内品牌竞争还可以，你跟世界品牌竞争就难了。"飞利浦"产品贵，不是贵一两百块钱，而是贵五六百块。我们的产品，同样的生产成本，挂"孔雀"的牌子，就要便宜五六百块钱，而挂"飞利浦"的牌子，价格马上就上去了，也照样有人买，而且受欢迎。

问：合资以后产量怎么样？

答：合资以后的产量更大了，最高的一年利润是 4 亿多，在新区一直是第一纳税大户。

问：您是哪一年退的？

答：2003 年。我是从老厂退的。当时我是孔雀集团的党委书记。

问：那您也是那边的董事，组织关系一直在孔雀集团？

答：董事这个不归组织部门管的。我的组织关系都是市里的。

问：孔雀集团大概撑了多久？

答：到2003年和飞利浦公司合资，一共10年。我退休了以后，他们改制的企业才正式挂牌。"孔雀"也是苏州电子工业的一个代表，有好多人才是那里出来的。我们也影响了不少下游企业。苏州铸件厂，在南门那里，它是做"三大件"的，偏转线圈、高压包，还有电源变压器，实际上全部是和我们配套的，我们一合资之后，外方需要重新认证，它没通过认证，就垮了。苏州扬声器厂的扬声器也是，如果继续供货需要做认证。做一下要几十万美金，还要拿到荷兰本部去做，半年以后才出结果，而且结果大部分是不合格的。当然也有转型成功的，如胜利无线电厂，原来也是做配套的加工企业，发展到现在是一个上市公司了，就是胜利科技。它跟飞利浦配套成功了，他自己的厂开到波兰。所以总体来讲有生有灭。你能站住就成功，站不住就被淘汰，但是土壤里面新的又生出来了，这些还是本土的。

蒋平访谈

口述者：蒋 平
访录整理：沈 骅、张梦欢
访谈时间：2020年10月10日
访谈地点：干将西路万豪酒店

问：请结合您的生平，介绍一下与"孔雀"有关的那段历史。

答：我是1978年学校毕业后到苏州电视机厂的，是第一批进厂的。电视机生产当时还算是比较新兴的行业。1985年进了苏州电视机厂的销售科，跟着我的师傅去做市场销售。当时我们"孔雀"还是比较困难的时期，因为正好是遇到产品更迭。当时最大的黑白电视机就是12英寸，一般就是9英寸的。做黑白电视机的，大概国内也就几个地方吧：北京"牡丹"；上海的"金星""飞跃""凯歌"，简称叫"金飞凯"；

南京"熊猫"；苏州"孔雀"。那个时候整个中国基本上还是计划经济，但当时我们已经开始出去拓展市场了。我第一次进入市场是去参加全国的订购会议，在郑州。从1985年开始，远的地方跑到东北、新疆，那个时候条件比较艰苦。

问：当时是怎么打开销售局面的？

答： 1985年我们去了以后，开始拓展全国市场，重点是大的区域市场，东北、华北，还有西北地区。当时有很多库存的机器，比较滞销的产品。打开市场以后，比较远的地方，它们当地的供销社、广电系统，可以把这些电视机放到比较基层的单位，由这些单位去销售。半年以后销售局面就打开了。通过市场的拓展，本来是我们上门找客户，后来是客户来找我们要产品。1986年开始，就是客户上门了。我们的客户反馈还是蛮好的，但我们要更新，要上新产品。

问：还记得当时有哪些人吗？

答： 当时我们电视机厂的厂长叫孙水土，是中科大毕业的。他开始主导生产14英寸和17英寸的黑白电视机,这个在国内做得比较少。当时引进的17英寸显像管是飞利浦的,110度的显像管,用飞利浦的电路。因为国外已经是集成化了,而我们当时还是半导体为主的电视机。我们有一个工程师,我记得叫汪荣华,也是一个老工程师,他现在如果在也应该八九十岁了。

问:当时做过什么展览吗?

答:当时的网络没有这么发达,我们可能要半年以后才能看到最前沿的报道。我们"孔雀"当时有两个技术部,同时在研究国外有关电视机产品的信息。到1990年,应该是办了一个国家级的电子展览会,我们"孔雀"在北京人民大会堂专门做了一个展览,国家领导人都来视察的。

问:当时怎么提升技术的?

答:当时全中国都比较迷信上海的产品,不管是上海的日用品还是电子产品,都是非常受欢迎的。在跟上海那么近的情况下,我们一个品牌在全国能排到前十位，跟技术的领先还是非常有关系的。当时日本很多品牌在中国找联姻，也就是说跟谁去合作。我们做了一个大胆的决定，找了日本的索尼。当时索尼产品在日本、在美国、在欧洲，市场销量都是第一的，是胜过东芝、松下的，因为索尼当时运用了圆柱形的单枪三束技术。而当时的遥控彩电就是索尼研发的，松下彩电都没遥控器。索尼也愿意跟我们合作，我们就引进了索尼，因为我们用的技术要比国内其他人家早两年或三年。日本人对我们的技术考量是非常深的。从此，北京部里的一些人对我们都刮目相看，为什么呢？因为我们拿出了一个与众不同的产品。当时人家大冬天都是爬起来去按电视机的，我们已经是按遥控器了。

在当时计划经济发展的过程当中，我们的产品脱颖而出，得益于孔雀的技术优先。飞利浦绝对不会随便找一个国内企业。当时国内的电视机厂那么多，但中国的电子工业比较强的地方就是江苏，江苏的电子要看苏州，苏州在消费类电子产品制造方面做得非常优秀。因此我们在用了飞利浦的电路后，飞利浦也对我们重视起来了。到20世纪90年代初期，飞利浦就开始来跟我们接触了。它通过很多关系找到我们，跟我们谈合资。谈合资的目标很清晰，技术不是它考虑的问题，飞利浦有大量的技术可以落地，它关键是看我们的销售渠道。我们很注重人才，1989年以后已经在销售团队里大量引进大学生，南大毕业的也有，我的两个学生都是本科。我们当时已经提出了销售商务处的概念，比如，主打华东地区，安徽是一个主市场，中心的销售商务处肯定要放在合肥，同时在合肥周围要放几个像蚌埠这样和我们关系比较好的，仓库就相当于我们包下来了。当时我在河南郑州建了一个商务仓库，以郑州为中心，辐射是四面八方的。春节那一个月，我们在郑州销售了8 000台电视机，13辆大的车，把我们的彩电全部运掉。这就是飞利浦为什么来找我们的原因。

问：在销售中还有什么其他的事情印象比较深的？

答："孔雀"在销售过程中还有很多小故事。河南、陕西、甘肃、宁夏、青海、新疆，都是我管的。这个过程中我非常有感觉的是新疆。我们产品在新疆还是很受欢迎的。当时我们在新疆要建立一个一级

孔雀电视机广告

批发商或二级批发商，希望从南疆到北疆都有客户来使用我们的产品。新疆地太广，所以要抓重点。我们找的是乌鲁木齐红山商场，一个大型的百货商店，它在整个新疆还是比较有影响的。1991年，我们去新疆搞了一个大型的活动，跟乌鲁木齐为主的大经销商一起来完成"孔雀西北飞"的题材，活动还惊动了当时《经济日报》副总编罗开富，还有《人民日报》的总编范敬宜。这个活动是非常成功的，"孔雀"给少数民族地区的群众留下了非常深刻的印象。

问：那么资金回笼呢？

答：2000年左右，我们改制。"孔雀"从国有企业变成民营企业的过程中，我们先回笼商品的货款。我们在外面有6亿元的货款，回笼的只有1 000多万元。作为我，从学校毕业以后来"孔雀"，到我们企业改制，我是一直在"孔雀"。孔雀集团成立以后，我们的董事长让我去做产品开发。我作为开发科科长，从1996年开始到深圳，去看各种新产品。偶然的机会，接触到了美国的光影播放机，实际上就是VCD，是通过数字压缩技术实现影像的播放的。我们原来用集成电路，后来也开发了一个采用第二代压缩技术的VCD，全数字化的，代号是9681。当时还有一个爱多VCD。其实我们跟爱多是同步的。爱多的老板胡志标聪明的一点是，VCD还没有上市，他就用了半年的时间，专门做广告。

问：怎么做的呢？

答：他在《羊城晚报》上做了一版的广告。人家报纸是正面看的，他的"爱多"是放到反面的。这个广告效果不得了，一炮打响了。我当时也在做VCD，跟深圳的一家公司合作，全部用我的包装、我的牌子。当时我第一批就做了3 000套，在苏州，春节前全部销完。这台机器我现在自己手里还有，我的作品嘛。我们的VCD做上去以后，在技术上面走得比较靠前的，美国的公司也来找我。我认为我最成功的作品就是VCD。电视机销售是靠平台，但是在建立孔雀VCD的过程中，却是从一个概念开始到找到工厂、到生产出产品、到走向市场，再到得到机芯厂商、模板厂商的认可。VCD说不好听一点，就两个东西，一个机芯，一个驱动模块，这两个厂商能认可你，那就不得了了。我们做得最好的时候，要自己建工厂了，做本土生产，但为什么不成功呢？成本！成本不如在广东合算。因为人家是现成的工厂，它的配套要比苏州好，它有产业链，有当地的优惠政策。我们苏州没有。我记得海信，当时它们开发部的人从深圳赶到苏州找我，说你"孔雀"做VCD，贴海信的牌，我每个月给你多少，到这个程度。

问：这个孔雀VCD好像知道的人不多。我想问孔雀VCD当时的市场规模怎么样？

答：市场规模不大。为什么呢？我就在"孔雀"本部，当时我们VCD做得比较早，资金链不行，银行没有支持，企业体制本身的问题也出现了，要签字的东西比较多。而且我们这帮销售人员手里边也没有样品去吆喝。

问：前面提到"孔雀西北飞"，去西北特别是新疆做销售的时候，具体情况是怎样的？

答：第一次去新疆打前阵，那天我是一个人。当时坐火

孔雀电视机广告

车到新疆特快要五天五夜,我受不了,我说我只能坐飞机,所以领导特批我坐飞机去的。坐了新疆航空公司的航班。当时中国只有五大航空公司,新疆航空公司算大的。从虹桥机场起飞,将近5个小时,到新疆乌鲁木齐机场下来,看到两个飞行员非常精神,在讲苏州话,我激动得不得了,冲上去说:"你们是苏州的啊。"他俩一听,问我:"你也是苏州的啊?"我说我过来出差呀。那个时候给我一个感觉,苏州到乌鲁木齐3 000多公里,还能碰到苏州人,说明这个地球不大。当时他们问我是哪个单位的,我说我是电视机厂的。他们中有人说自己有个外孙女也是电视机厂的。我问谁呀,他说罗芳惠,我说我认识的。一下子我和他们就亲近得不得了。当时机票多难买啊,他说你以后要回去,什么时间跟我说一声,机票买好,我给你安排舱位。

问:有没有一些艰苦的例子?

答:艰苦的例子太多了。有一次我们从北京到湖南长沙,坐特快列车,火车里人挤得不得了,夏天味道更是不得了。我们还有一个同事叫宋政,在列车上打开水的时候把脚烫伤了。那个时候非常苦，当地也没有药店，就靠经销商给你去医务室里边拿点药。

问：你们当时那个出差补助最便宜的时候是多少钱？
答：一天就8毛钱。

问：这个是在80年代后期？
答：一直都这样的。我们也经常性自己贴钱的，当时吃个饭就不少钱，客户到苏州来，肯定是我请的呀。我们这一代人，其实根本没有一种自我的意识，不为钱，都是为国家。

苏州电扇厂

蒋纪周访谈

口述者：蒋纪周
访录整理：王东军、赵琪、杨迪、沈骅
访谈时间：2019年3月20日
访谈地点：轻工协会（浩力大厦906室）

问：改革开放之初，到企业改制前，整个苏州的机电企业，曾经有一段非常辉煌的时期。在计划经济和市场经济转型的阶段，我们苏州市一下子就起来了，特别是轻工这一块。这个"四大名旦"在全国是赫赫有名的。当时我记得长城电扇的广告就是"长城电扇，电扇长城"，这句话深入人心。苏州电扇厂第一批的厂长、书记，现在可能都要八九十岁了，对吧？

答：走了，都走了。我们今天来了三位，刚才已经介绍过了，赵荷朔主任他原来是从办公室到销售部门（内销部门到外经部门）的，整个经历是比较丰富的。孙金林同志从参与建厂，到"长城"兴旺发展的过程中，他主要是负责技术改造，是技改部的经理。我做厂长、总经理。我先把总的讲一讲，然后请他们两位讲具体一点。

在那个年代，长城电扇在苏州的经济特别是工业经济中的地位是非常高的。可以说在那个时代，长城电扇代表了苏州的产品，在全国是一个标杆。每天中央电视台"新闻联播"之前都有我们的广告。我们广告长的时候是15秒，短的时候是10秒。这个是在宣传苏州的工业，宣传苏州的产品，也在宣传苏州人。

前两天我乘公交车，碰到一帮女同胞，集体乘公交车。她们说到哪里集中，拉出来就一句话：桃花坞长城电扇厂门口。说明桃花坞长城电扇厂那地方在她们心目中就是一个地标。我听了以后没吭声，但觉得很高兴、很自豪。

问：我们是何时建厂的？

答：长城电扇实际上是1970年建厂。建厂的时候，由十几个集体企业合并而成。

问：在1970年建厂的一段时期里，主要是生产什么呢？

答：代加工外贸的吊扇和部分铝合金台式电风扇。一年产量就是几万台到十几万台。1985年、1986年时候，长城就成为电风扇行业当中比较令人瞩目的一个企业了。这个飞跃出来以后，长城电扇受到当时上海的关注，他们专门派了一个调查组，到苏州来调查。调查报告里有很多数据：成本多少？利润多少？产量多少？后来《解放日报》也专门为此发了一个评论。到了20世纪80年代后期，长城电扇获得了好多国家级的荣誉，最大的是我们的产品得到了全国的银质奖。企业从1988年开始连续7年，在全国500强工业企业排行中进入前200多位，这个也是非常不容易的。我们的产品被全国评为畅销产品的"金桥奖"，并被作为我们轻工行业的排头兵企业，还被授予全国著名商标、江苏省著名商标的称号。1995年，世界统计年会授予我们"中国电扇大王"的称号。

问：当时长城电扇为什么效益好？

答：长城电扇创造的社会效益和经济效益非常高。1986—1995年这十年当中，我统计了一下，它创造的利税是4.3个亿，当时的4.3个亿在苏州市的企业中可以讲是排在前面的。到1995年我们的销售额是多少呢？是9.08亿，在苏州整个工业企业销售收入中也是排在前几位的。特别是创汇，1995年统计的数据，出口创汇是1 440万美元。这个创汇在苏州工业企业当中是排第一位。出口电扇是101万台。

问：都有哪些成功经验？

答：长城电扇在市里的支持下，在我们员工的努力下，创造了这样的成绩，在当时确实是来之不易的。

在改革开放中，苏州长城走了横向联合之路，横向联合扩大生产。当时我们叫联营企业、合作企业，其中有八家是核心企业。像渭塘的厂，就是专门做网罩的。这种情况很多的，包括做电机的、做塑料件的、做冲压件的，甚至做电镀的等。在这个过程当中，我们联合到哪里，技术就延伸到哪里。渭塘那个网罩厂，曾经有国家领导人去视察过的。当时它们的网罩都是我们的工程师设计好了以后，一起去做的。检验按照我们的标准来。它现在网罩还在做，全部出口到美国。所以说这个也带动了当地的企业。

最早都是搞计划经济的。苏州五化交公司给你多少材料，你就去做多少，所以只能停留在年产20万台左右的水平。后来我们把生产型模式变成生产经营型模式。当时我们有一任厂长，把一些有知识的年轻人，包括我们赵荷朔主任在内的，从车间里调出来，通过培训，分到全国各地，市场让他们去开拓。我们是一个地方企业，要突破计划经济的框框，就要把市场开拓作为企业发展的第一要务。当时在我们电扇厂，凡是能进入销售部门的人都很高兴的，觉得很光荣。赵主任他原来是从苏北农村调到苏州来的，以后就到了我们长城电扇厂。开始是在仓库里边，但是后来发现他是可以去跑销售的人才，就让他去跑销售，他一跑就是很多年。我们从整个80年代到90年代，人才在不断引进，技术人员的作用也在不断发挥。举个例子，我们那个时候就派人到清华大学去参加培训，学工业设计。又派一些人到南京邮电大学、苏州大学去学习。

除了产品开发以外，从质量控制到我们的生产流水线配套，技术人员的队伍也是非常强硬的，所以在全国的电风扇行业当中，很多重大实验、检测都是在我们这里做的。我们投入了很多钱，把这个检测中心做出来，目的就是为了控制质量。同时档案管理也要上去，因为档案的推进与我们技术是有关系的。我们的档案管理也是一级的，被列为江苏省重点单位，属于国家一级档案管理。

问：蒋总你刚才把长城厂整个的发展、技术改造、人才已经讲得很好了。下面请你围绕企业，讲讲你个人1976年进厂以后在每个岗位上、每个部门做了哪些事情。

答：我讲简单点。

当时进厂，生产的时候是经常加班的。为什么呢？外贸订单来了。不管什么工种的人，晚上都要参加钉木箱的工作，第二天要出货的。我个人到1980年的时候就去读书了，读到1983年回来。我学的是机械专业。回来以后就在车间里，先是当技术员，再当车间主任，后来当分厂厂长。80年代初期我们思想转变以后，销售在上去，模具来不及开了，我那个分厂就专门开生产模具。压片模具要有配套的机厂，机厂还要增加，所以一个机厂就叫我去当厂长。这是组织上对我的培养。到1985年的时候，我才26岁，轻工局的领导对我信任，让我当长城电扇厂的副厂长，而且还是党委委员，管生产，管供应，管劳动工资，管安全生产。

当时要发展自己的厂房，所以长青的新益厂区是我跟孙金林去建的。前面还有一个叫留园厂区，先行扩建。那个时候供电部门配套的电也是限制的。要保证生产，只有自发电。那个发电机也是很贵的，但是为了保障生产，只能不惜工本。

到1991年的时候，我就离开了，到香雪海冷柜厂当厂长，又做总经理，1993年再回来。回来以后做董事长、总经理、党委书记，一直到1995年。那个时候可以说企业发展到了顶峰。产品不仅有电扇，还有油烟机、灶具、取暖器、电饭锅这一系列产品。

我个人一直到1995年离开了长城，这个过程中，企业从小到大，个人年龄也是从小到大，前后20年。

赵荷朔访谈

口述者：赵荷朔
访录整理：王东军、赵琪、杨迪、沈骅
访谈时间：2019年3月20日
访谈地点：轻工协会（浩力大厦906室）

问：您什么时候进厂的？

答：我1979年。

问：您原来在哪里？

答：我在农村。我跟父母下放到苏北去的。1979年回城，我没有技术，被安排在仓库。没事嘛，我就拿个毛笔练练字。一年后成立销售科，我就去了那里。

问：请您讲讲做销售的个人经历，好吗？

答：我主要是负责长城电扇的销售。我们长城电扇厂是

1980年就成立销售科的,是苏州市企业中第一个成立销售科的。以前是计划经济,只有供销科,没有销售科。我当时的分工就是在苏州跟五化交公司沟通接触。

那时销售确实蛮苦的,没有销售经验。我们进销售科上了三个半天的课。第一堂就是销售的基础知识课,讲的是你怎么跟别人谈合同、签合同。第二堂课是教电风扇的基础知识。还有一堂课是讲结算,就是价格怎么计算。上了三个半天的课后,就是自己到处去闯了。那时候条件差,我们火车窗户都爬过的,火车车厢座位下面都睡过的。没钱,硬挺,年纪轻,身体好,就是这样。以后销售就逐步扩大了。实际上我们企业有两个阶段。第一个阶段就是1983年开始,企业产量每年翻一番。那时候的概念是卖不出去的东西才做广告。我们厂的产品当然不是卖不出去,但也搞广告宣传。我们广告意识比较早,那时候就在央视做广告了。广告费用(20世纪)80年代中期就是500万元,这个费用我们在全国是排第三位的。央视投播广告,这个都是我去谈的,我签的合同。"新闻联播"前有不少条广告,我就提出放在最后一条播放。放在第一条和最后一条播放，当时价格没有差异的。

有一段时间，我们的电扇要抢购的。到北京王府井百货大楼，大清早就要排队买。这个事在当时的北京是有轰动效应的。我当时就在现场。王府井百货大楼是中国商业第一大楼，他们老总一般见不到的。我和我们以前的厂长去先是坐冷板凳，看冷面孔。后来展销活动一搞，顾客在商场一楼绕着柜台排队，他们老总看呆了，以后就对我们好得不得了，奔驰车开到火车站站台上接我们。

1984年，我们在全国企业中率先搞了一个记者招待会。从来没有过企业出面搞记者招待会的，本身这件事就是新闻。当时我们请的中央的新闻单位有七八家，还有北京日报社、北京电视台等都请了。记者招待会以后，影响很大，轰动的。轰动从夏天一直到冬天，故宫外的河都结冰了，顾客还排一夜的队买电风扇。以后随着全国的发展，除了西藏、台湾没有直接进我们的产品，其他各个省份都有。

从1987年开始，国家也一路改革开放，鼓励机电产品出口。我们厂让我组建外贸部门，就是去弄自主出口权。以前出口都是通过外贸公司代理的，厂里不能跟外国人直接签合同的。我们第一批跑到北京的企业，要经贸部、国务院机电办批，还要省里面一路批下来，到1988年终于拿下来了。我们也是苏州企业中第一个有自主出口权的。

问：有没有参加广交会？
答：广交会我年年去的。

问：当时负责出口的叫外贸科？
答：叫进出口部。刚才蒋总还介绍了我们的实验室。有这套实验设备的，全国当时除了北京家电所、广州家电所，下来就是我们厂了。我们出口美国的商品，有安全标志，要请美国工程师来检测的。美国工程师开始说你们这个检测设备不行，我们要带设备来的。我们先请他过来看。他一看，马上改口说你们的设备完全可以，我们来人就可以了。于是就派人在我们公司操作。那时候90年代达到10亿规模的工厂，就是我们和苏钢厂呀。苏钢厂和我们，今年它们老大，我们老二；明年我们老大，它们老二。

问：10亿是指什么？

答：10亿是销售额。1993年实际上有一段时间，我们厂还跟局里脱钩了，由市政府代管，直属。蒋总的工资卡放在经委，经委给他发工资，这样的单位苏州好像有5家。我们是全国轻工行业的排头兵、领头羊，国家一级企业。刚才说的国家一级档案单位，都是北京来考核的。

孙金林访谈

口述者：孙金林
访录整理：王东军、赵琪、沈骅、杨迪
访谈时间：2019年3月20日
访谈地点：轻工协会（浩力大厦906室）

问：你是何时入厂的？

答：我是学的泥瓦匠，原来在轻工局手工业联社房管所工作的，就是手工业联社下面的一个单位。工厂成立时已经定下让我进电扇厂，因为有点事情，没有及时去报到。我是1970年5月5号到长城电扇厂报到的。

问：建厂时是怎样的情况？

答：长城电扇厂1970年3月26号建厂，是在玄妙观后面的中山堂召开的成立大会。当时的第一任厂长是

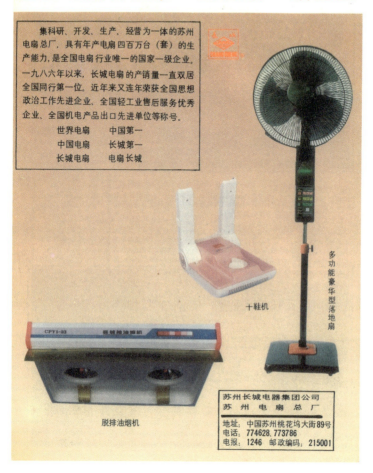

苏州长城电器集团公司广告

翁祖恩，本来也是轻工局的一个中层干部。长城电扇厂建厂的时候，有13家企业联合起来，以宇宙电机厂为骨干，还有动力社、铜器社、衡器社、水泵社等小厂。

问：这些都是集体制的厂？

答：全部都是手工业联社的厂。厂在桃花坞大街89号。那个地方以前是两个单位，一个是苏州监狱的分监。前面呢，当时叫二轻工读，是一个学校。这个学校以前是什么呢？是地方审判厅。

这些现有的建筑要适应电扇生产肯定不行，所以领导很希望我去，说你去了这个厂就有希望了。我进厂的时候，厂门口还有一座古建筑，地方审判厅嘛。前面沿河边上有一个悬杆，有石碑。一根旗杆，高得不得了的。还有一个小广场。进门就像衙门，两面有石狮子，进去一个斜门，再后面依次就是审判厅、监狱的房子，监狱的房子又暗又潮。

这个长城电扇厂是我和领导、职工一手建起来的。当时是翁祖恩同志领导，他是很能苦干的。白天上班，下班以后跟我一起拆房子。当时造房子，一层变两层，破房子拆掉造新房子，都是自己搞的。要送到二层楼上去浇混凝土，现在都是塔吊，我们那个时候是用竹排排好了，职工两个人拉一个小斗车，"一、二、三"冲上去。房子就这么造的。真的，很辛苦的。翁祖恩当时年纪轻一点，50岁左右吧，经常带头干。

问：长城电扇厂的历史是怎么样的？

答：我感觉创业期可以分三个阶段：第一阶段是1970年到1980年，这个阶段是打好了长城电扇厂的基础。第二阶段是1980年到1990年，张根兴（原来是缝纫机厂副厂长）来当第二任厂长。他来以后第二年，我们厂年产量从10万台到了20万台，第三年就是20万台变40万台，第四年就是40万台变80万台。到北京召开新闻记者会，就是这个厂长搞的。第三个阶段是我们蒋纪周领导的阶段。他年轻，思路清楚，是一个搞企业的料子。我作为老中层，年纪比他大，但是我服他的领导。蒋厂长还是江苏省十佳青年之一。

我这个部门呢，只管土建，以前叫基建科。随着电扇厂的发展，设备科和基建科合在一起。后来为了减少扯皮，改叫技改中心、技改部。技改部主要管设备、厂房，包括设备引进。张根兴那时候，学的日本索尼公司。企业管理采用部制两级管理。上面部长，部长下面还有科长。比如说技改部部长，下面还有基建科长、设备科长、应急科长。当时我们全厂400多人，其中研究人员在苏州企业中是最多的，还成立了两个研究所。一个是既有产品的更新改造，一个是战略产品的开发。这样就有发展的梯度。

问：请再说说长城电扇厂是怎么走出去的？

答：说到走出去，"长城"是苏州第一家。我们到马来西亚建了个厂，那早了，1988年，也是我去参与建厂的。它那个厂的整个生产流水线全部是我们厂出去的，是我们自己制造、自己安装的，管理人员、技术人员、财务人员都是我们派的。

问：合资？

答：合资。长城电扇厂的思路是比较超前的。但几年以

长城电扇

后就不行了，因为马来西亚的厂它的支付功能、结算功能麻烦得不得了，这样就不适应了。制度上也有些问题，跟不上。

问：长城电扇厂引进的流水线等情况能说说吗？

答：1986年我们先去日本考察，准备引进电机生产线。于是向局里申请，派人组团到日本去。我日本去了3次。为什么要去考察呢？日本是全自动的流水线。我们的电扇有的部件原来是靠女工手工嵌上去的。女工的手啊，每个人伸出来都是不好看的，上面都是老茧。流水线上机器嵌的就不一样，生产效率高，产品质量好。高速冲床也是我引进的，我们厂也是苏州第一家引进高速冲床的。

问：为什么要引进这个东西呢？

答：因为过去钢片是一脚一脚踏出来的，冲床有时候要失灵的，经常发生手指切掉的事情。最早我们的落地扇，用的是翻砂技术，生产的东西很毛糙。技术改造了以后就不一样了，切手指的事情基本没了，铸压件周边是非常光滑的，只要稍微油漆一下就很美观。我们还引进了七八台压缩机。当时要引进这一台东西是花了很大功夫的。我们引进的是日本的。日本好几个公司都来过我们厂，三洋啊、索尼啊……设备都是日本技术人员来安装的，安装调试好移交给我们。我们培训后上机。

后来搞了新厂房，6000平方米，6条生产线，开2班，早班和中班，每班产量是多少都是定死的。我们那个时候是按照淡季和旺季分开来的。旺季的时候忙得不得了，淡季有时是弹性工作制。

问：1988年厂里的普通工人多少钱一个月？

答：1988年100多块钱。反正那个时候都不高，后来慢慢高起来了。我记得我最高的时候连工资、连奖金发下来5万块钱。5万块钱那时能买好几套房子了。但那个时候不买房子的，房子是企业安排的。我们长城厂职工宿舍就造了5栋。

问：那时候有什么先进个人吗？

答：我们单位有个劳动模范，叫倪腊梅。倪腊梅那个班组，每年都是先进。

苏州吸尘器厂
肖健夫访谈

口述者：肖健夫
访录整理：沈 骅、游巧萍
访谈时间：2019 年 7 月 3 日
访谈地点：轻工协会（浩力大厦 906 室）

问：请您先介绍下自己。

答：我叫肖健夫，是 1990 年 4 月份到春花吸尘器厂的。我是从张家港作为人才引进到苏州的。当时给我的职务是春花吸尘器厂第一副厂长，卞庄是厂长。那个时候"春花"刚刚开始走下坡路。我当时主要是分管销售。1991 年的 12 月份之后的一年零八个月，我还去了香雪海冰箱厂工作。

回到"春花"的时候，整个吸尘器行业的销售额全部都下来了。但是再怎么下降，"春花"的市场地位还是在的。当时国内电机生产不了，所以进口了

苏州吸尘器厂
1980年由长江五金厂划出部分人员创办，名为家电一厂，专业生产清洁器具，1984年5月定名为苏州吸尘器厂，厂址为东中市27号。所生产的春花吸尘器成为著名品牌，与孔雀电视机、长城电扇、香雪海电冰箱被誉为苏州家电"四大名旦"

70多万元的电机，贷款很大，但市里面比较支持，协商给"春花"实行停息挂账，这才度过了一段困难时期。对"春花"来说，前面打了很好的基础。春花的知名度很高，"春花吸尘器，开辟新天地"，这句广告语在当时还是深入人心的。广告的投入很多，最多的时候投入有500万元，那个时候500万元是不得了的。我们在中央电视台一套、二套做广告，收视率是非常高的，而且还做到了"榜上有名"栏目里，就是"新闻联播"前面的那个栏目，播放5秒钟。那个5秒钟就花了8 000元。

那个时候，北京开亚运会，我们捐赠了一些桶式吸尘器，"春花"也成为亚运会的指定商品。在北京还参加了整个吸尘器行业的评审，获得了优质产品银质奖。当时有好几家单位都参加了，我们获得的奖项最多。

我从香雪海回来以后主要做了几件大一点的事情。最主要的是谈合资。和飞利浦谈，另外还有一个叫阿美泰克，也和它们谈，最后和飞利浦谈成了。中法合资，由我们控股，这在当时是不可想象的事情。最后咱们还是春飞（春花飞利浦）公司，叫春飞电器有限公司，当时市里的领导都感觉到不可思议。

问：当时我们股份是占多少？

答：占51%。我们是540万美金，它们是520万美金。谈判是比较艰苦的，有很多斗智斗勇的事情。因为它们不肯被控股。我跟它们的总裁见过三次面，单独谈过一次。他说你为什么要这么做，我跟他讲了两条理由，我说"春花"在国内有很强大的销售网络，包括微型网点，咱们有1 000多个商业点，都是大型商场，微型网点也有1 000多个，所以我们的产品是铺到全国各地的，比如上海一百商店、北京王府井百货大楼和西单商场、南京人民商场……这是第一条理由。第二条理由，就是你在中国生产，产品只有一款，"春花"控股对于合资公司有利。最后它们算是认可了，但还想加大资本金，我说你对合资公司的这个考虑应该来讲是对的，但那个资本可作股本，作流动资金。到最后，它们认可了我的提法。我一直在给它们讲一个观点，就是"春花"跟其他公司不一样，你不要以一个陌生者来看待"春花"，我始终强调"春花"是国内顶级企业，必须要有灵活性。

1994年的12月份正式和它们签订合同。签合同的时候，它们的高层都来了。后来到1995年的5月份，它们20多个董事会成员全部过来了，乘了2架飞机过来的，我印象还比较深。为什么要分乘两架飞机？怕出事，就是要分担风险。苏州市里也很支持，当时杨晓堂当市委书记，四套班子全部参加了，杨晓堂揭幕，章新胜讲几分钟，我安排协调的，时间都要协调好，每个人讲多长时间，整个流程都要规划好。当时的销售员，大家都会去抢客户。我就确定了一个原则，哪个先谈的，后来者就不要去争，大家自己内部去搞摩擦，没有意思的。

春花在行业内的地位，常年都是遥遥领先，很多项目都是第一。曾经有一年达到52%的市场占有率。那个时候我们搞了很多的活动，做得很成规模、很有成效。因为当时正好获得了全国优质产品银质奖，所以趁这个机会搞了一系列大型活动，就是在商场搞了一个开箱展厅，开出来要是一台产品的质量不行，第二台就打半折，再不行的话就白送。我们在全国搞的。北京、上海、南京、武汉、成都等八大城市先搞，我负责北京西单商场和王府井百货大楼。那个时候全部是工厂派的员工到柜台上去的。我们还请了中国社会事务调查所，全程跟踪。最后的结果是百分之百合格。然后我们在北京国际饭店搞了一个新闻发布会，请的中央电视台、中央人民广播电台、新华社，还有轻工部，新闻影响很大，所以那是一个比较成功的大型活动。

春花当时搞的第二个重大项目，就是 ISO 9000 标准制定。咱们是 1995 年 5 月份就通过了的，是殷国良厂长负责这个项目的。我把殷厂长从塑料五厂调回来，分管 ISO 9000 标准制定，还有股份制改革。我们股份制改革也搞得比较早，1995 年就是股份有限公司。

春花也面临了一些同行竞争，到最后私有化、民营化企业越来越多，很多人开厂就来挖人，搞得人心有点乱。我们感觉很头大。我们厂对面有一个电影院，后来在里面开了一个全厂职工大会，专门动员，把大家的思想统一起来，应该来讲还不错的。工会都不断地去做大家的思想工作，稳定军心。虽然竞争很厉害，但是我们还是一直往前走，没有退下来。

开始时销售没有减少,利润没有减少。但是后来那些厂对客户的影响还是蛮大的,因为价格不好比。我记得有个牌子,相同的款式,咱们报价是43美金,它们报价是36美金,慢慢就失去了一些客户。国有企业在两面夹击之下,不改制就没有活路。

问:我们当时获了6个奖,是哪6个奖?

答:是咱们送的6个产品,全部得到了国家优质产品银质奖。

问:您提到在1991年,"春花"有点走下坡路,而1991年之前,"春花"已经发展得比较好了。发展得好是跟什么因素有关,比如说是不是跟技术有关?

答:对的,"春花"应该来讲是中国第一个做吸尘器的工厂。而且老技术人员当时做的是桶式吸尘器,1982年开始的。那个时候桶式吸尘器是销往宾馆的,没有考虑到老百姓用的。开发以后找销售人员、维修人员到宾馆去推销,慢慢市场就打开了,1991年就开始出口了。

春花海报

问：为什么当时技术能领先？

答：我们的技术人员、管理人员、工人都很有敬业精神。我们注重技术，还建造了研发楼，很大一幢，很多人在里面。我们硬广告和软广告都做了很多，而且很多是不花钱的。同时我们找中国女排，还拍了纪录片。另外出口的话，咱们"春花"也是行业内第一个获得进出口自营权的，1992年就获得了。后来我们还把美的引过来了。

问：品牌就叫"美的春花"吗？

答：有两个品牌，春花和美的。公司叫美的春花电器股份有限公司，上市了。合作大概半年多。

问："春花"这个品牌现在也有？

答：一直有，现在在我这儿。

问：现在销量呢？

答：现在主要是国内市场。有一个阶段是跟飞利浦合资，这就分掉了一些市场占有量，毕竟销售力量没有那么强了。再有一个阶段是跟美的合资以后，那块就不是我主导了。宣传渐渐少了,到后来断层了,年轻人就不知道"春花"了。

问:合资以后,产量应该是上去了吧?
答:上去了,年产100多万台。

殷国良访谈

口述者：殷国良
访录整理：沈骅、游巧萍
访谈时间：2019年7月3日
访谈地点：轻工协会（浩力大厦906室）

问：请您谈谈个人的经历。

答：我以前是工农兵大学生，后来分配到苏州。原来在日用瓷器厂。

我到厂里的时候是中层干部，负责技术改造。1984年左右做科长。当时"春花"已经很好了，质量比较过硬，加上消费者能够接受吸尘器，所以厂发展得比较快，年产量80几万台。当时这个企业是比较风光的，"四大名旦"之一嘛，还有三个是"孔雀""香雪海""长城"。

"春花"技术改造比较早。我们厂到三洋去引进的

春花吸尘器装配生产线

马达流水线，全部是最先进的乌德瓦拉的自动流水线。电机我们自己做的，还引进了高速的电机生产线。此外，"三大件"我们还是进口的，培养了很多的供应商，帮助它们提高，现在很多公司都做大了，有的都上市了。

问：ISO 9000 标准制定是一个什么样的经过？

答：当时有一个班子。从第一步开始做到最后一步，可能有 100 道工序，每道工序怎么做，要用文字表述出来，以后各个部门按照这个来做。

问：做的时候难吗？

答：难，开始国内没有，不知道怎么弄。

问：怎么解决呢？

答：这个只能靠请教各位专家、老师傅，彼此多多交流。这里涉及很多的文件。来一个客户，怎么接待都有一套程序。就是把企业管理规范化。我们现在也是这样。

问：请归纳一下跟"春花"有渊源的厂家。

答：最大的是金莱克（负责人倪祖根），第二位是爱普（负责人卞庄），第三是春菊。

杜建华访谈

口述者：杜建华
访录整理：沈骅、游巧萍
访谈时间：2019年7月3日
访谈地点：轻工协会（浩力大厦906室）

问：请简单介绍一下您的经历。

答：我叫杜建华，1983年毕业以后，就到日用瓷厂，和殷（国良）总在一个单位。开始在军工车间做生产调度，帮助车间搞一些维修，包括一些项目的设计。

我是在1998年到春飞（春花飞利浦）公司去的。春飞成立的时候，殷总也叫我一起过去，当时局里不肯放，就没去成功。后来我到春飞去，殷总是总经理，我就到生产部做副经理，专门负责生产过程中的一些质量管理的事情。我们搞了"5S"现场管理。下面有个副总是飞利浦派过来的，姓陈，他对管理

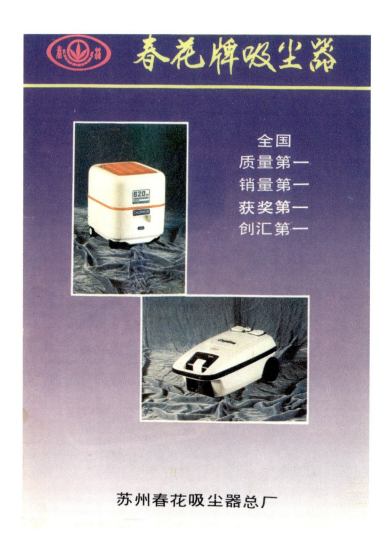

春花吸尘器广告

方面还是比较重视的,他要开展生产线上的管理。当时我们是4条线,我每周跟他开会,布置"5S"生产的线上管理,包括整个线上物料的控制,再把这个管理图全部画下,每条流水线都规划好区域。

"5S"如果做得好,确实对生产效率的提高有帮助,整个厂区环境看上去也都比较清洁。现在我们每个工厂都上升到"6S"了。

2000年以后,飞利浦控股,当时整个"春花"的产品也要生产。原来只生产桶式吸尘器,后来卧式吸尘器也做了。当时觅渡桥厂生产桶式吸尘器,包括小家电,我们就在梅巷又搞了一个厂,叫园区分厂,把骨干力量全部抽过去,做整个的吸尘器。那个时候我们就过去了,销售上拓展海外市场的力量也抽回去了。

2003年底我们春花厂就实行转制了,当时肖(健夫)总是大股东,我们都是小股东。我们在蠡塘河路买了137亩地,那个手笔还是蛮大的,反正那个时候地也便宜,5万元一亩地。转制成功后,2004年12月份从梅巷搬到蠡塘河路。肖总为了鼓励我们这些中层,说你们买车,公司贴5万元钱。于是我们 2005 年就开车了。应该说到了蠡塘河路，业务增长幅度还是比较大的，厂房也大了。后来跟美的谈好了合资，借助美的的销售平台，一下子增长的幅度还是蛮大的，做得不错。我就"美的春花"做分厂厂长、质量部长，还跟美的去学习了管理。

苏州手表总厂

陈大厦访谈

口述者：陈大厦
访录整理：沈骅、王东军、雷永芳
访谈时间：2018年10月16日
访谈地点：摩利自动化控制技术有限公司

问：请您先介绍一下自己，然后请尽可能地回忆一下您当时在手表总厂的经历和情况。

答：我是陈大厦，高楼大厦的大厦，原来是手表厂的厂长。我1953年出生，初中毕业下乡到江心沙农场，那里是南通地区在长江中间的一个沙岛。1974年作为知青回城进厂的，当时叫钟表元件二厂，在人民路。那个工厂在我进厂时已经是非常好了。我们在这个工厂应该算是第二代吧。第一代，是老一代的制表元老们，他们1972年组建了苏州钟表元件二厂和苏州手表厂，当时利用的是人美公司的厂房，在接驾桥。

问：人美公司是？

答：人民美术公司。利用它的大楼，组建的钟表元件二厂。为什么叫二厂呢？因为当时有个钟表元件厂。这些领导，基本上是钟表元件厂老一代的制表工人中出来的。

问：为什么要组建钟表元件二厂呢？

答：主要是因为苏州市原来只是做宝石轴承、防震器，现在要开始做手表机芯了。

要做手表机芯，里面的关键零部件先要解决。传动系统、夹板系统啊，都要从零部件生产开始，就这样组建了元件二厂。同时，由轻工业部投资，在娄门开始组建苏州手表厂。这两个厂的性质还有不同。元件二厂是集体所有制，手表厂是全民所有制，所以它们不能放在一起，当时很强调这一点，因此组装是在手表厂做的。那个年代物资匮乏，在市场上很少有机械式的手表，进厂首先能45块钱买一块手表，所以大家能进厂都很自豪。

到1976年左右开始，由6个机芯厂的工程技术人员，集中起来，一起设计，联合制作了一个统一机芯，以便于标准化。大家都照这个标准生产手表，手表行业就在中国大规模地发展起来了。

到 1985 年，钟表元件二厂跟手表厂合并成立了苏州手表总厂。这样就把资源融合起来了，开始了整机的量产。那时候达到了 100 万只手表的年产量。进入（20 世纪）90 年代，手表行业开始走向衰落了，市场也出现了变化，流行石英手表了，俗称电子表。电子表和机械表的结构是不同的，它的核心部分不再是过去的以传动系统为主，它变成了以集成电路、线路板为主，动能不一样了，我们就加入了半导体总厂的一些资源，也开始进入石英表的制作，而且相对来说零件要少。但是，当我们这个行业从机械表一下子进入石英表的转产以后，真的很痛苦，我们发现，有很多不懂的领域。当时中国的电子行业落后，集成电路不发达的瓶颈制约了手表行业的发展。用户买去中国的石英表，都说这个表准倒是很准，但老是要停。

问：为什么停呢？

答：动能不够。放到今天，这个问题完全可以解决，哪

"登月牌"手表广告

怕有一点脏,有一点毛刺,都不会停,但是在那个年代要想不停是非常难的。电子表品质不好,产量上不去,到1990年以后,一个手表总厂有2 600个员工,即使年产100万只石英表也撑不起来了。我们要把2 600人压缩到1 600人。

1991年、1992年,效益不行,货款不能回笼,卖出去的手表烂在客户那里,销售收入收不回来,工资发不出,工人下岗,我们厂从一个纳税大户,一下子变成江苏省特困企业。

问:请您说说"登月牌"的由来,好吗?

答:一开始我们的表是"苏州牌"。"登月牌"是80年代我们向社会征集的手表品牌名称。那时中国登山队登上了珠穆朗玛峰,登峰还不满足,中国人还想登月,所以取了"登月"这个名字。现在中国已经登月成功了,遗憾的是工厂不在了。

1988年,我们试制电子表,当时有一个大的海报,就是登山队员拿了雪糕,一块登月表放在地上。

问:那么"登月牌"是什么时候开始辉煌起来的?

答:"登月牌"手表,从出生开始很快达到辉煌,就是1988年到1990年。我们那时候喊出一个口号:"杀机上电。"把机械表全部砍掉,要上电子表,这个电子表多流行啊。电子表是"登月牌",机械表是"苏州牌"。当时做"登月牌"电子表,是走在全国前列的。90年代大量的国外的电子产品进来以后,我们的手表因为质量问题就一下子不行了。

问:当时厂里面对生产技术还是很重视吗?
答:非常重视的。我们进厂也肯吃苦,拼命学技术。工厂当时条件也好,把我们派到上海、天津、西安、南京、杭州去学习。我1991年还被公派到瑞士学习一个月时间。

我们那时候工程技术人员中大专以上人员要占工人总数的15%。好像那时候有个指标要求,大专人员要达到多少的一个指标,我们其实早就超过了。但是,没用的,不要说15%,25%也阻挡不了机械表厂衰败的历史潮流。

问:你从一个青年工人、技术骨干,一步一步成长为厂领导，这里面肯定经历了很多事情，请详细谈谈吧。

答：我开始是一个模具工，那个手表机芯，都是要去买零件回来组装，所以要先解决模具问题。制件能力上去了，零件才能自己做，所以那时候几乎每个月都有新的模具问世吧。我1976年就是市先进生产者，后来成长为中层干部。除了技术好，还有就是在改革开放的时候冲在前面。要胆子大，利用手上的技术去承包车间。

问：那您当时是什么车间主任？

答：我是工具车间主任。

问：您刚才说，改革开放要冲到前面是什么意思？

答：应该是1992年，工厂进入了困境。怎么办，又没倒闭，总要有一个人冲出来吧。那时候我已经到迅达电梯公司应聘成功，上班50天了，但总觉得从良心上来讲，对不住这个工厂。尽管那边工资高，我还是回来了，劳动关系一天都没有迁走。迅达公司是星期天休息，手表总厂是星期三休息，所以我每个星期天回手表总厂上班。

当时厂长问我："你需要什么？"

我说："只要两个字。"

"什么字？"

"政策。"

"政策，什么叫政策？"

"就是，原来是你发工资、你发奖金，我们要逐步过渡，第一步，我发奖金行不行？我到市场上去找钱，我自己挣的自己来发给员工。然后，我发了奖金再发工资行不行？"

厂长说："我巴不得你发，我每天为发这个工资头都大了。"

那就是从这时候开始，我承包了一个车间。

问：就是那个车间？

答：对，那时车间有108个工人。我确实压力很大，因为不知道究竟行不行。过去是计划经济，现在要自己到市场上去找饭吃。

问：这个承包您是跟厂里面有合同的吧？要达到什么条件吗？

答：有合同。第一年是车间员工奖金自理，工厂的工装、制具这些，是无偿提供的。第二年是要承担车间员工工资的一部分，每年递增。到第三年是要车间员工工资自理，然后再往上就是不仅仅要承担车间员工工资，还要上缴收入给厂里。

问：以什么形式呢？

答：最后是以房租的形式。当然水电气全部自己付，就这样，到最后是100万元。

问：100万元？

答：对，每年上缴100万元。

问：是从第三年起吗？

答：差不多。因为那时候是形势所逼，你想宽松两年也不可能了，这个厂要倒下了，逼得你一定要把100万元拿出来，这是发给下岗工人的工资。

问：就是说您当时那个车间承包效果非常不错？

答：应该还可以。到1996年，经历过市场经济考验，我们这一代人差不多成熟了,就变成厂长了。那时候局长到厂里来,要任命我当厂长,我不肯去,这个厂长不好当的。不是100多个人了,变成1 000多个人了。最后不行呀,拖不过,没办法。那时候我们书记开始跟我搭档,他实际上替我当了整整2年名义上的厂长,为什么呢?因为我那时候已经在承包的基础上在国企中间组建了一个外企。

问:什么意思呢?

答:请外商独资公司到国有企业来组建独资的子公司,然后通过这个子公司,承包6个车间。

问:这个很胆大的。

答:是的,外资子公司的租赁费用,上缴到手表总厂,去养活其他的下岗工人。

问:这个独资公司叫什么名称?

答:苏州微研有限公司。

问:那您是1996年就直接成为厂长了?

答：一般人要车间主任、科长、厂长助理、副厂长一步步来，我没有过这种经历，我就车间主任兼科长，然后任厂长。

问：那是什么科长，生产科？

答：工具科。然后就从科长直接去当厂长了。

问：一直当了20年？

答：没有。当了7年厂长，然后就工厂破产了。

问：2003年企业就破产了？

答：对。破产的时候我组建了时运精工有限公司。组建这个公司的时候，我们向员工承诺有几条出路，愿意买断工龄可以，符合政策提前5年退休也可以。有的人要求再就业，怎么办呢？那就跟我们走。那时候我带了300个员工，我们给他们的承诺就是做到退休。现在还有30多个，其他都退休了。我即使自己得了癌症，手术下来，两个半月就上班了。

问：什么时候做的癌症手术？

答：2016年。查出来胃癌，胃切除三分之二。他们问我："你为什么这么早就上班？"我说，因为我还没有完成历史使命啊。

问：您以后有没有什么打算？

答：我们在民营公司的基础上，另外又诞生了新的合资公司。一个是我现在在管的摩利公司，还有一个三环公司，都是比较健康地在发展。加上时运公司，这三个公司，除了我一个老的，另外两个领导都是年轻人。三个公司加起来是300个员工，今年估计产值2.7亿元。我们公司人均产值是80多万元。

丁炜柏访谈

口述者：丁炜柏
访录整理：沈 骅、夏 菁、游巧萍
访谈时间：2018年12月13日
访谈地点：轻工协会（浩力大厦906室）

问：您是哪一年出生的？

答：我是1949年10月1号出生的，农历八月初十，新中国的同龄人。为此，曾经去过电视台拍摄过节目。那一年我从部队复员，到派出所转户口，报农历八月初十，派出所办事员说现在都是用阳历的了，一查是1949年10月1号。

我曾经下乡2年，后来在苏州景德路军分区里当兵，当文艺兵，曾经在部队突击排过京剧样板戏。我在部队里入了党。当时国家对大中型国有企业的领导班子人员有明文规定，必须要有大专以上文凭，于是我就去读了3年电大，1983年到1986年。1983年我已考取了电大经济管理专业。后来上级部门推选我读南京大学干部培训班。我问了苏高中一个数学老师，他说南大是"地方粮票"，电大倒是"全国粮票"，建议我还是读电大，所以我决定还是读电大。

问：您以前是苏州手表厂的厂长，对手表厂的情况比较熟悉。能先介绍一下您的工作经历吗？

答：我是1974年从部队复员以后到苏州手表厂的，那时候还不叫手表总厂。开始在夹板车间的主夹板小组做操作工，后来当副组长。那个时候我们生产手表的设备都是很陈旧的，实际上相当部分都是从上海手表厂淘汰的旧设备中借来的。

我们坚持自己能做的零件、工序就自己做，自己不能做的就到上海手表厂去求援加工。有时候一些上海手表厂的老师傅会出于好意，劝说我们顺便将该零部件的工序全部在上海一起加工完算了，省得上海至苏州上下跑，太辛苦了。但是我们谢绝了他们的好意，还是始终坚持能够自己做的一定要自己做，因为只有这样才能尽快锻炼自己的生产能力。有时候外地兄弟单位来访时会问我们，为什么苏州手表厂会发展这么快，我们说，第一是苏州手表厂与上海手表厂靠得非常近，第二是跟上海手表厂关系非常好，这就是所谓的优势。当然，与上海手表厂协作关系较好的原因，主要是我们厂有一个人，叫翁福麟，当时是苏州手表厂的设备科长。他的爱人在上海手表厂任设备科长。实际上，他们夫妻俩对我们建厂初期应该说有重大贡献。我们这边去上海手表厂技术培训，去求援、采购生产工具，去加工零部件等事宜，原则上都是由翁福麟协调安排的。随着时间的推移，新设备不断增加，职工队伍不断扩大，就逐步减少了对上海手表厂的依赖。

我记得有一次，苏州手表厂在转产过程中，正试生产全国统一技术标准的机械手表机芯。为争取轻工业部手表项目在苏州立项，在4天内必须生产出全国统一技术标准机芯的"苏州牌"手表，送往轻工业部验收认可。一块表100多个零件，其中主夹板是主要零件。主夹板制造本身就有63道工序。我记得当天下午4点多钟交任务给我，并要求明天下班前一定要完成。当时我们厂没有生产全套主夹板的设备及模具条件，于是生产小组选择了100块左右的主夹板毛坯，先在厂里加班加点做完10多道粗加工工序，然后由我一人连夜坐火车到上海，去上海手表厂精加工。因为之前我曾经在上海手表厂培训过，所以上海手表厂夹板车间的机床基本上我都会操作。我一个人在上海手表厂夹板车间做了一个晚上，一直做到第二天凌晨6点多钟才做完。经检验40块主夹板可以用，马上又拿回苏州的厂里再进行最后几道加工，并送装配间进行装配。最后，通过成品校验，挑选了20只合格手表及时送到轻工业部里去。据说部里很满意，不久项目就批下来了。

这里还有个插曲。记得是在借用上海的冲床及模具完成其中一道工序时，由于我前道工序忽略了检验，造成钻头断在主夹板孔内，把它们车间里仅有的6副模具冲坏了4副。第二天早上它们停产了1个多小时，当时我内心十分愧疚。我印象最深的就是这个事。其实那个时候我也不知道自己正在发高烧。浑身酸痛，我以为是关节炎，就去该厂医务室想配一点伤湿止痛膏贴一下。那个医生摸了一下我的头说我在发高烧，量了一下，体温 39 ℃。医生以为我是在那儿培训的，问我要不要开病假，我说我要回苏州了，他就配了一些药给我。

问：您说项目批下来，是什么项目呢？

答：手表项目定点立项。当时中国还是计划经济为主，手表生产你要上马就要获得轻工业部的认可才行。银行根据上级政府定点立项批复才会考虑给你贷款。你手表样品要拿出来，才能争取上面主管部门批下来。因为依靠我们自己的力量，资金是不够的。

问：当时您是什么职位？

答：我是主夹板生产小组副组长。当时全国地方的工业经济部门都在争取，不重视，你就不会这样发展快的。后来苏州手表厂的生产规模就越做越大。我在夹板车间工作了一年半，就去了装备车间当车间副主任。该车间是总装手表的。在该车间又干了一年半，然后被提拔为厂革委会副主任。那个时候不讲什么厂长或副厂长的，而是讲革委会主任或副主任的。我们那个时候风气好，大家都严守组织纪律，明天要当厂革委会副主任了，直到今天下午下班前才有人轻轻告诉我。

问：这是哪一年呢，大概？

答：1976年。之前我还兼任苏州手表厂里的团支部书记，搞突击队的，就是义务劳动。我还记得一件事情。装配车间一年好像要求完成装配15万块手表，当时已经接近年底了，按最快装配速度计算还是差5 000块表。那个老车间主任急得不得了。于是，我想办法发动我们青年团里的小青年，每天多完成几百只手表装配，后来这个5 000块手表就是靠我们通过义务劳动完成了。义务劳动中吃饭钱都是我们自己贴的，没有加班费，干了大概20天。

当时"苏州牌"手表在市场上供不应求。后来还有搭配销售，轻工部门或者其他部门有卖不掉的东西，比如冰箱或者洗衣机，就用手表去搭配促销。那个时候搞销售很规矩的，不是自己可以直销的，都是我们厂批发给中百公司的。

问：您那个表批出去的话价格是多少？

答：如果是个人买"苏州牌"，只能是零售价，60元一块手表。如果你是中百公司来采购手表，按规定享受一级批发价，就要按零售价打两个88折出售。如果是销售给钟表店，按规定享受二级批发价，就是按零售价的一个88折扣出售。当时没有人会违反财会制度的，并由专职财会人员开发票给你。

问：您什么时候是正厂长呢？

答：我当了副厂长之后，具体抓生产经营。那时候按上级指示，钟表公司要与我们苏州手表厂合并成一套领导班子，因此手表厂老厂长退下后，我做了一段时间的第一副厂长。待钟表公司与手表厂合并后，我主管手表销售。

在这期间，同时又兼任过苏州表牌厂的厂长。当时去上任，该厂工资已经几个月发不出来了，账面上只有15元钱。大概工作了一年多时间后，恢复了表牌厂正常生产，工资也月月正常发放了。

1990年接到调令，到苏州钟表材料二厂做厂长。该厂主要生产人造刚玉，就是手表上面所谓17钻、18钻的人造刚玉材料，还有做灯、电光源等。做到

苏州手表总厂车间

1995年，苏州手表总厂生产经营不行了，工资发放也困难了，又让我回去，兼任苏州手表总厂的厂长。我是5月份上任的，回去以后发现该厂真的不行了。财务科长对我说，你3个月后肯定要下台，因为所有租出去的门面房租金约五六十万元都被提前发工资了。那个时候一个月才回笼资金五六十万，而厂里有1 000多个工人及1 000多个退休工人，每月工资要发放92万余元。只怪我平时好胜心太强，总是觉得你不行我行，其实不是这样的，有时候华佗也治不了要死的人。为此，我就聘请原轻工局的总会计师王桂芳帮助我从财务角度进行测算。经过一天的测算后，他对我说："你完蛋了，你一年要生产2000万只机芯才能把这个厂救活。而你现在一个月才生产5万只机芯，售价就是16块钱一只！"我一看也意识到仅仅靠手表翻身是肯定不行了，而每个月要发92万元的工资却是铁定的。但是我那个时候就记着，人活着厂就活着，只有每个月把92万工资发出来，工人就有活路，工厂才能生存下来。所以我对销售公司经理说，设在全国各地的手表销售点你们去尽力回笼钱吧，每月工资的缺额部分只能由我想办法解决。

怎么办呢？当务之急就是开源，盘活工厂固定资产，即空闲厂房。那个时候我走这一步还算蛮早的。我把接驾桥厂区的杂件车间、研究所、销售公司等部门全部搬迁到东环路总厂区，把"登月"（钟表元件二厂）整个租掉。我记得一部分是租给谢元根、王立占开设登月商城（小商品市场），租赁费应该是一年140万元，其他分别租给中国银行办三产，租给化工市场开设火锅店等。反正那个地方一年共可以拿到房租金300万左右。

我那时候不再过多考虑手表生产经营了。整个厂我熟悉得不得了，当时单靠手表机芯不可能的，这个厂是救不活的。我想，只能靠节流、开源。我们厂里的水、电都被厂区边附近的农民连通着，长期无偿使用。我对行政科负责人说，现在自己工厂连买工具都没钱，别人却在无偿用我们的钱。你带几个人到墙边上，去给我搜，一旦发现有自来水管通到墙外，就给我锯断，发现电线通往墙外，就剪断。后来就截断了1根4英寸管，拉掉了2根电线。

问：这个是被人家揩油了吗？

答：可能搞基建的时候做好人，村里给我基建方便，我这个水电你就用好了。我现在厂不行了，所以这些水电给我截断掉了。

问：是哪个厂啊？

答：苏州手表总厂呀。在东环路边上。同时，我又组织行政科通过全厂巡查，发现厂区埋设在地下的自来水总管道破裂，长期大量漏水，估计每月要白白损失3万余元。考虑到厂里经济困难，我就从苏州钟表元件二厂运来5根自来水管换上。这是节流。

实际上，我在手表总厂最大的节流举措是亲自带领厂劳工科人员突击到各个车间去核对实际上班的员工。最终，被我清查出车间部门长期大量"吃空额"的严重不良现象。吃空额总金额一年达到93万余元，其中主要集中在两个车间：夹板车间61万余元，装配车间32万余元。

问：什么叫"吃空额"？

答：就是这生产车间的部分职工，车间主任允许他们不上班，但是他们的每月工资归车间所有。

问：还有什么救厂举措？

答：我积极推动车间经济责任承包制。就是每个车间养活自己需要的工人，多余职工由我厂部负责发放下岗工资，一个月168元，所谓"下岗分流，减员增效"。车间需要的人你负责承担工资及工资附加费，这是第一个。第二个，你所用厂房要收取每月10块钱1个平方米的租金（租给外单位每月要12块钱1个平方米）。你占厂房面积越多，房租费收取就越多。如果你觉得不合算就让出部分来，我再租给其他车间，或者再租给厂外用户。就是用这个办法把更多的厂房空出来租出去。在这期间又将手表总厂门口两旁的自行车棚拆移厂内，在厂大门两边，借用租赁户的预付款建造了36间商铺房进行出租，这样又可以增加一块长期收入。

问：大概多少钱？

答：出租商铺房一年收入约30万元。

苏州家具一厂

倪国梁访谈

口述者：倪国梁
访录整理：沈骅、王存博、游巧萍
访谈时间：2018年12月13日
访谈地点：轻工协会（浩力大厦906室）

问：请您先介绍一下自己，包括您的姓名、年龄。

答：我姓倪，叫倪国梁，是1942年出生的。

问：您是何时进厂的？

答：因为我父亲也是做家具的，所以我出生在作坊里面。后来我父亲合作进厂了，我就跟着一起，在16岁时也进厂了。那个时候还不叫家具厂，是叫平江基建模型厂。进去做了2年，到1960年，就去当兵了。当兵当了8年，1968年回来的，回来之后还是在家具厂。我在部队的时候是管发电的，回来做过电工，

传统苏式木器自古闻名中外,民国时期又新出现西式木器制造,解放后组成木器合作社,20世纪60年代后建立木器厂和家具厂

还做精工、做团支部书记，到政工科，再后来到1984年初，当副厂长。1985年，到家具公司。1986年回来到家具一厂做厂长，一直做到1994年，我就改做书记。1996年，到建瓴装饰公司当书记。我们一套班子有几个厂，有室内成套用品公司、电力装饰公司、家具一厂。一直到2001年去了家具协会。2002年我退休了。

问：请说说家具一厂的历史。

答：我们家具一厂历史蛮长的。最早苏州都是家具小作坊。在1954年成立木器合作小组。后来慢慢发展，逐步变大，变成厂。

苏州在那个时候的民用木质家具厂，就两个，苏州家具一厂和苏州家具二厂。我们家具一厂以生产中式的实木雕花家具为主，二厂以生产西式家具为主。家具一厂人最多的时候，上班的工人有516人，退休工人还有200多个。

那个时候买家具要拿票的，凭结婚证书去领票，拿的时候还不是成套的，不是少大衣柜，就是少小衣柜。床是有的，还有1个桌子、4把靠椅，桶一般

传统苏式木器生产场景

2个。那个时候木材供应是有计划的，每年国家分多少木材、1个立方米的木材做多少件家具都是有规定的。

1984年初我做副厂长还过上几天好日子。那个时候我们家具厂是"吃香"的。老百姓买不到家具，在大门口排队，人山人海。大概到1985年，买家具就不要票了，有点双轨制了，有计划经济的木材，有议价的木材，农村大队里面的乡办企业也慢慢成长起来了。

我们家具一厂从1984年开始就出口白木家具。在外贸公司里面，苏州家具一厂也算是出口量比较多的。那时候出口的主要是折椅。1984年以后，我们就做木制马桶盖。全国我们是第一家做，也出口到美国，出口单价是39块，一年的出口创汇大概有200多万美元。出口到日本一部分家具的配件，是泡桐材料的。出口到欧洲也有一部分。还有课桌椅，出口到巴巴多斯，这是援外项目，我们厂派两个人过去安装。我记得有一年春节，外贸公司请吃年夜饭，把出口企业叫去，还叫我发言来着，说我们是出口大户。

传统苏式木器生产场景

问：我们厂原来在哪里？

答：我们厂原来是在城区的，就是白塔东路动物园那里，后来搬到城外娄门，占地33亩，厂大的。厂门口就是大河，木材捆着浮在码头边上的。最好的时候，我们有好几个联营厂，因为我们要出口的卫生家具自己来不及做。联营厂的话，我们配点机器给它们，派一些技术人员去。它们成本低，我们成本高。后来它们起来了，就把我们挤下去了。我们厂里的工人的支出，除了工资外，最大的是医保，医保那时候是百分百报销的，职工有毛病就去看，不管多少钱，这一点也是成本。后来我们厂越来越不行，因为这个企业没有高科技，上马快，生产条件比较简单，自己一个院子就可以做，慢慢就没有竞争力了。家具就那几个老款式，没有乡办企业款式多。价格它们便宜，我们就越来越困难了。

问：这是什么时候的事？

答：这大概是1994年的事情了。

问：20世纪80年代，我们厂在技术上面是怎么样的？

答：在苏州来说，我们厂在中式家具的技术上面还是可以的。1984年，我们从德国、意大利进口了一部分设备，大概有十多台，对我们厂提高生产力帮助不小。家具二厂，进口的设备比我们还多，它们好像进了一条流水线，我们进了半条。它们是国家拨的，我们创汇，可以用汇，所以自己买的。

朱依文访谈

口述者:朱依文
访录整理:沈骅、王存博、游巧萍
访谈时间:2018年12月13日
访谈地点:轻工协会(浩力大厦906室)

问:请您先介绍一下自己。

答:我叫朱依文。我是1966年进厂的。那时手工业局抽了我们30个知识青年,办一个技术训练班。苏式家具社办的,办了将近一年。一年后,大概留了15个人在家具一厂。

问:您在厂里的个人经历如何?

答:我从学徒做起,前半段一直没有脱离木工。我们这一批人稍微有点文化,后来就慢慢不做工人了。我先做统计员、质检员,再调到机动车间,做车间主任。

传统苏式木器生产场景

我还做过一段时间设计员,后来就调到生产科。

问:生产科是做科长吗?

答:做计划员,要管调度。

问:关于厂的历史您能再说说吗?

答:除了刚刚倪厂长说的外,我们厂还叫过苏式家具社、东风木器厂。因为当时平江区改为东风区嘛。(20世纪)60年代,我们厂还转型做过一批电器、汽配,做得很好的。1970年,专门有一个车间做开关的熔断器。

问:苏式家具社是生产合作社?

答:这个是小集体,最早就是36个人、36把斧子、2盏半煤油灯。

问:当时有没有比较厉害的老师傅?

答:有。当时成立社的时候,老师傅就是自己带着工具进来的,他们都擅长做榫卯家具。因为是不同地方来的,还分常熟帮、仓街帮、齐门帮。

一开始,苏州本地人不喜欢西式的家具,虽然是白木做的,也一定要有雕花。我们来不及做,就发到农村的加工点去做,就搞了联营厂。我管过一个阶段联营厂,一直在乡下跑。我们根据产品配好料以后,就发给村里去加工。加工好以后,有油漆力量的,村里自己油漆;没有油漆力量的,就到厂里来油漆。

问:厂里销售好的时候有多少个加工点?

答:加工点多了,常熟那个地方最多,有15个左右。光福也有,是做雕花的,另外胥口也有。

问:这大概是哪一年?

答:1978年到80年代初。后来它们有了第一桶金后就开始自己建厂了,村办企业。

问:当时有没有一些著名的品牌?

答:当时没有这个意识,反正苏州人买苏式家具就是认我们一厂。

苏纶纺织厂

史博生访谈

口述者：史博生
访录整理：沈骅、游巧萍
访谈时间：2019年1月11日
访谈地点：养育巷405号纺织工业协会

问：请介绍下您自己和您所知的苏纶厂的历史。

答：我叫史博生，1937年出生的。1957年，我无锡毕业以后分配到苏纶纺织厂。当时无锡分配到苏州的有26个人，其中23个人在苏纶纺织厂。我是学织布方向的，纺纱不是我的专业，所以我讲讲织厂的变迁。我进厂的时候，当时苏纶厂号称是江苏省三大纺织厂（无锡申新、苏州苏纶、南通大生）之一。当时苏纶厂从织机来讲，是江苏省规模最大的，号称有1 000台织机。但从设备的情况来看，却是最原始的，是工业革命开始时的设备。像这个准备车间，络纱

苏纶纱厂抽纱车间。图为该厂从英国进口的纺纱设备

机是竖锭式的,筒子机是有边筒子的,整经机是低速整经的,浆纱机是烘筒式的。

到(20世纪)60年代,我们跟着技术改造,筒子机改成1332型络筒机,低速整经机改成高速的,浆纱机改成热风式的,在技术上有了进步。织机当时有好多,普通织机是手工换梭的,后来通过改造,70年代全部改成了自动织机,有1 000台。这些工作基本上我都经历的。

90年代开始,我们逐步引进了国外的先进设备,如剑杆织机、喷气织机,以前的设备也跟上去了,整个纺织厂的生产面貌比原来要提高好多,产品也从原来的中初级为主(主要是20支、21支这样的产品),到后来的60支、80支。产量也随着市场需求逐步提高了。

我们苏纶厂的产品,在计划经济时期,基本上统购统销,产品基本不外销。到推行市场经济以后,外销产品开始逐步增多。从织厂来说,后来一大半属于外销的,内销的不是太多。

问:您当时是做什么的呢?

答：我本人因为是从基层做起的。当时学校培养的目标是副工长。所谓副工长就是车间里面的技工，当管理的。1959年，厂里的一个副工长到车站工作了，没有人，我就顶上去当副工长，一顶就是三年，这个对我来说，帮助很大。有些事对我今后的提高起了很大的推动作用。1997年我退休，在苏纶厂工作了40年。退休以后，我在一个纺织公司上班，2016年退下来，等于工作了60年。退休以后我还做了一些工作。

有人给我统计，我在全国的纺织杂志上发的文章有24篇，我想应该还是可以的。当时我还是纺织工业协会的一个特聘专家、专业委员会的委员、棉纺织技术的咨询专家，在我们这个行业里来说我还是有一定位置的。我的一个项目还获得了纺织工业协会的科技进步一等奖，那是和西安工业大学合作的。

问：是哪一年？

答：2013年。我的一生跟苏纶厂对我的培养是分不开的。我的基础是在苏纶厂打下的。我觉得一个人关键是在于不断学习，认认真真地学习，这个非常重要。

在"文化大革命"中，我还坚持到苏州图书馆去看书，这对我的影响还蛮大的。我是苏州机关干部业余大学毕业的，因为它是早上上课、晚上上课，而我是"三班倒"，所以上早班的话可以去上课，中班的话也能去上课，但上夜班就没法去上了，因此基本上上了三分之二的课。课程基本上都可以完成，总的还可以。

问：对于苏纶厂您有什么印象比较深的事情？

答：我们的老厂长，叫钱承镏，他是渡江干部，在苏纶厂做了好多年厂长。有一件事我一直印象很深刻。因为孩子多，他一个人的收入要负担好多孩子，家庭条件还是比较困难的，但是他这个共产党员的本质非常突出。60年代的时候有一阵吃不饱。食堂里就买些南瓜之类的来替代，卖1毛钱1份，这种做法叫"瓜菜代"。他呢，怕人家食堂里面给他多盛，所以就拿一个小杯子去盛。他真的一点点都没有想占公家的便宜。

问：从进厂到当时做副工长，到您退休这段时期的经历，

苏纶纱厂大门
苏纶纱厂与南通大生纱厂、无锡勤业纱厂等"皆为中国纱业之先进,亦新工业之前导",在中国近代工业史上占有重要地位

能再讲详细点吗?

答：好的。当时我出身不好。我是工人，其他同学都是技术员，开起会来，他们在上面做报告，我在下面听，心里不是滋味。

我成绩在学校里不差，在班里排前5名。当时我虽然是中学毕业，但是《纺织通报》上一些高等数学的内容还是看不懂。我当时想这不行，一定要学，所以就自学高等数学。那个时候是苏联的教科书，所有的题目我都做了。1959年，在苏州机关干部业余大学读书，我因为学了高等数学，所以一下子跳到了二年级去了。

1959年的时候，我在《纺织通报》上面发表了文章。那个时候我们的厂长，叫汪鸣玉，还有一个叫刘文渊，两个人都是南通纺院毕业的。他们就觉得能在《纺织通报》上发表文章，这人应该是可以的。1961年，他们让我到厂长办公室，分管织厂的技术工作，从此以后我基本上就负责技术改造方面的事情。

"文化大革命"开始后，我自己提出要到浆纱机工段的一线去。虽然之前的设备改革我参与了点，但是在浆纱方面，我一直没有直接接触。我就去搞浆料，

苏纶纱厂字额

自己磨粉、筛粉、做浆。为节约工业用粮，当时讲淀粉里面放东西，吃了以后要中毒的，所以大家不敢拿，实际上没什么事。

后来引进浆纱机的时候，我在苏丹待了两年。那时候我们去了90多个人，援助青尼罗纺织厂。

问：哪一年去的？

答：是1986年去的。苏丹的报纸上还宣传的，配了照片，讲中国人怎么怎么好。苏丹一个大的工厂也到我们那里去学习，因为我们解决了实际问题。这个厂当时在苏丹的影响还是可以的。

问：您是副总工程师，所以您对苏纶厂整个技术是非常熟悉的。您觉得苏纶厂技术的发展过程中最厉害的是什么时候？有没有什么低谷？

答：我觉得苏纶厂生产水平最高的时候是1960年，那个时候工厂里不让产生坏布，要求各工种做好预防。我认为那个时候的党委书记、厂长他们虽然不懂技术，但是懂得怎么样发挥大家的作用。当时有"包机制"，就是机工包了一个区，这个区里的设备都是他负责，所有质量、数量，都要考核到机工头上去，我认为这些都是蛮好的。

问：苏纶厂和无锡、南通比较情况如何呢？

答：苏纶厂在80年代体量上还是江苏省的老大。双轨制以后有点不行了。

吴国林访谈

口述者：吴国林
访录整理：沈骅、游巧萍
访谈时间：2019年1月11日
访谈地点：养育巷405号纺织工业协会

问：请您介绍一下您自己和在苏纶厂的工作经历。

答：我叫吴国林。我是1974年高中毕业以后分配到苏纶厂的。进厂以后一直待到苏纶厂关门，是苏纶厂最后一任厂长。我就从一个小工人开始，到班组长、中层、副厂长、厂长。我做副厂长时，薛霞云是党委书记。

问：您主要做的是哪方面的工作？

答：我做的具体工作，偏技术的多一点，因为我曾经在技术部工作过，一进去就在设备科。在那里，一开

严裕棠（1880—1956）
原籍安徽，生于上海。由清末创办大隆机器厂起家，1927年任光裕公司总经理。买下苏纶后，增添大隆制造的纺织设备，并向全国扩大销售，自此至抗战爆发，苏纶厂逐步发展（左）

苏纶、苏经两厂由官办次第改为招商承租、股东自营，管理仍沿袭旧官衙作风，屡屡亏累。1927年冬被严裕棠的光裕公司以白银30万两买下，图为苏纶纱厂大门（右）

始是做电工的。

从体量上来说,苏纶厂在20世纪80年代的时候人数是最多的,最多的时候有在职工人8 000多人,退休工人2 000多人,所以那时候就号称是苏州市的万人大厂。当时我们厂占地面积有220亩,面积上苏州市没有比我们更大的企业了。我们最大规模的时候一年要生产115 000件商品。我们企业的用电量是整个苏州市第二大的,除了苏钢厂以外。我们对苏州市的财政贡献也是最大的。

苏纶厂还为苏州市各级领导岗位贡献了很多人才,包括我们的薛书记。我们苏州有句古话叫"六城门都有苏纶厂的人"。

当时还有一句话叫"做煞苏纶厂",就是苏纶厂的人最能干。那个时候我们苏纶纺织厂是3班运行的,24个小时休息6小时,但是天天坚持了,也没有人提出异议。

当时这里就是一个小社会,苏纶厂有商店、理发店、医院、学校,还有独立的消防队。所以当时进了苏纶厂,后顾之忧基本上是没有的。现在有小孩以后,要放到幼儿园,两三个老人去带,那个时候不需要

苏纶厂旧址

的。当时的人大都有这样的观点，苏纶厂就是我的家，什么事情都可以找厂里解决。一般生活上有什么困难或者家庭遇到什么问题，厂里都可以帮你解决，所以那个时候的人对苏纶厂的感情都很深。

在后期我们也得到了好多的国家奖项，其中有个国家银质奖，这个也是不容易的。我们有很多技术创新，最大的技术创新，就是织机上楼。为什么说是一个创新呢，因为织机振动很大，会引起共振。那个时候1 000台机器一起生产，万一共振那是不得了的事情。我们厂的技术人员跟建筑设计院一起研究以后，就把织机改造到楼上去，解决了共振的问题。当时我们是全国唯一这么做的纺织厂。

问：大概是哪一年？

答：当时应该是1990年，就在如今人民桥下面的家乐福那边。除了几个老的民国建的厂房，其他都拆掉了，唯一保留的生产车间就是它了。

在我的印象当中，有个震惊全市的事情，就是有一次我们发年终奖，人均拿了60块钱。80年代，能够拿60块钱的年终奖，很好了，苏州市没有哪一家企业比我们多的。大家都是以到苏纶厂工作为荣的。另外，企业确实为国家做了很多贡献，最高的利税总额是一年3 200万元，那时候的3 200万可以重建一个苏纶厂了。

问：刚才您提到奖金人均60元，当时是什么水平？

答：超过一个月的工资。当时一个月基本工资是38块6毛，二级工。一般的企业里面，拿36块左右的工资可以养活一家子的。我们苏纶厂的老职工，纺布的拿66块，织造的拿74块，所以那个时候纺织女工的身价地位非常高。

薛霞云访谈

口述者：薛霞云
访录整理：沈骅、游巧萍
访谈时间：2019年1月11日
访谈地点：养育巷405号纺织工业协会

问：请薛总谈谈吧。

答：我叫薛霞云，1954年出生，读过小学，1968年进厂。我家应该说是纺织世家。父亲是苏纶厂的旧职人员，母亲也是纺织女工。我爸爸意外过世了，所以为了全家的生存，我是破例顶替进厂的，那年才14岁。当年讨论是否让我进厂的厂部开会记录还在呢。

我记得进厂时，是苏纶厂最鼎盛的时候。那时的人思想淳朴、工作积极。工人工作的那种细致程度，真的是没话说的。按理说是早上6点钟上班，但工人什么时候去呢？半夜1点钟、2点钟就去了，也没有公交什么的,都是千方百计自己去的,去了后在黑暗中等待电的到来。他们电工去得更早,因为那时要等市里分配给你电了,工人才可以开纺车,所以都是提前好久就到厂里等着的。你说那个觉悟多高,一分钱奖金都没有的。

我们苏纶厂对干部的培养,走的是一条非常成功的路。开始时从事技术管理的人都是资本家留下来的,包括我父亲。但是等我进厂以后,这些人要么不在了,要么也变老了。那时候全国还没有工农兵大学,接班人怎么培养呢?我们的厂长叫张其龙,他就出了一个主意,提出要创办自己的棉纺织工业技校,就把当时全厂各个岗位上最杰出的、积极要求上进的那些生产骨干、团干部啊,通过选拔考试,第一批大概选出四十来个人,然后来办学培养他们。我就是第一批的,后来直到苏纶厂关门前,厂里的管理干部绝大部分都是我们自己培养的。而且这些人中很多都是在各个岗位上锻炼过的。生产组长、值班长、技术员、副主任、主任再到副厂长、厂长,一步步踏过来的。

到1989年的时候,我们增加了一个三纺车间,多了

3万多锭子，布机增加了剑杆织机，还有一些喷气纺纱设备。

苏纶厂得到了很多全国性的荣誉，像"设备管理一级""档案管理一级""计量管理一级"称号，这些在整个纺织行业都不多的。企业还获得了"国家二级企业"称号，而当时"国家一级企业"在我们江苏只有一家（无锡一棉）。

苏纶厂最好的时候可以纺120支的纱。苏纶厂建厂100周年时，厂里为每个工人做了一件120支的衬衫作为纪念。

20世纪90年代初期，我曾经被调到化纤厂任职。到1997年，可能是6月底，全厂停产，开不下去了，但没讲关厂。当时苏纶厂亏损巨大，别人没有能力救你，因为你太大了，不像小厂还能救救。这种情况下，市里面研究，说让我过来当厂长。我有什么办法？在化纤厂能用的"伎俩"在这里不是能复制的，这里的情况完全不一样。我以前在华纺学的是纺织，后来到行政管理岗位上后，又考了苏大行政管理专业，是全国第一批专升本的学生，让我当厂长的时候，我还在苏大念夜大本科。我那些同学都说你吃

苏纶纱厂在沦陷时曾被日本内外棉株式会社占有并失火烧毁部分厂房。图为1947年冬苏纶厂着手复建第一工场

了豹子胆了，苏纶厂你也敢去的，现在回过头想想，真有点后怕，这么个大厂，这么多人，一个人怎么去呢？我当时就把我们朱书记一起带过来。另外还有一个搞营销的厂长，我也一起带过来，加上吴厂长，就是我们这几个人组成一套班子。那个时候全公司6 350个人，厂里的干部还有一些人，中层干部有108个人，一般的管理干部，值班长以上还有600多人。记得第一次全厂的干部会议上，我说过一句话：沧海横流，方显出英雄本色，现在是考验我们的时候！

我们走马上任，靠什么东西把这个厂开起来呢？当时的市委书记把7个银行行长召集起来，凑了1 050万元给我们。这个1 050万元对于我们这个大厂来讲，从第一道工序（买原料"铺车面"）开始，还没走到最后一道工序，钱已经没有了。怎么办？自己跑银行去借。银行不睬你啊！后来没办法，只能再去找市里。我觉得那个时候市委领导对我们工业企业真的是很关心的，又马上找银行的领导帮我们解决当前的资金问题。

到了那年9月份，就是建厂100周年大庆了。我们

首届苏纶青年体育节

就想：要不要庆？怎么庆？大家说这马上是百年历史的老厂了，最简单的册子我们要搞一个。另外就是花几万块做了一个纪念性的门楼。我们建厂100周年的纪念会还是开的，杨晓堂书记亲自来的，还把原来省里几个大纺织厂的老领导都请来了。杨晓堂书记讲了一句话真的很感人，他说苏纶厂是中国民族工业的先导，哪怕我们全体公务员3个月不发工资，都不能让苏纶关一天门，要把工业先救起来。

问：后来我们靠什么生存的呢？

答：主要靠的是代加工。苏纶厂原来是从来不做代加工的，不给人家打工。但是因为我们没有资金，就只能考虑战略的改变，全部到外面去找加工活，用加工的任务来满足我们正常经营的需要。后来我很自豪，我1997年7月到苏纶厂，到1999年12月离开苏纶厂，我们没有关过一天车，没有欠发过职工一天工资。后来政策性破产期间，干部的工资全部只拿生活费，让工人的工资不少拿一分钱。

当时正好也是有了机遇，搞全国大型纺织企业压锭破产，就是对大型国有纺织企业用压锭的方式搞政策性破产，把银行债务免掉，然后让这个企业继续生存。为了这个事情，我们从1997年下半年到1998年上半年就跑北京，厚着脸去争取政策。当然省里很支持，厅长也很帮忙，专门和我们一起去跑。最冷的天，北京-16 ℃，到了住宿的地方，一推门，手都粘在门把手上的。就是这样过来的。当着面我是没有流过眼泪的，但是背后眼泪不知流了多少。因为这个企业再没有大政策，它是救不活的。这么多人的吃饭问题啊。终于在1998年我们被纳入政策性破产行列，我们拿到了江苏省二分之一、全国十九分之一的核销坏账指标。我们压掉了一部分锭，市里还是想保苏纶厂的，压掉锭子让几个企业分担，想把苏纶厂的锭子尽量保留得多一点。这不是以往常规意义上的破产。操作完毕，就建立了新苏纶。

李小密访谈

口述者：李小密
访录整理：沈骅、雷永芳
访谈时间：2019年3月9日
访谈地点：养育巷405号纺织工业协会

问：您叫什么名字？何时进厂的？

答：我叫李小密。木子李，大小的小，亲密的密。我是1957年生的，1974年市一中毕业以后在家待分配。1975年10月份进苏纶厂。我进厂的时候就分配到汪兰英小组。

汪兰英小组是一个全国先进班组，（20世纪）50年代就建组的。当时汪兰英还在我们这个班上担任运转班的党支部书记。我的师傅是徐玲珍，她也是一位省劳动模范。我和章荔娟，两个人跟的是同一个师傅。能跟这样一个师傅，当时我们感到很荣幸的。

第十届操作运动会

因为这个班组在全厂和全市都是比较有影响的，所以进了这个小组以后，压力也比较大，我在各方面，特别是在技术上，就对自己要求比较严格。

我们进厂以后，基本上每天都要进行技术练兵，提高自己的技术水平。要保证整个小组的生产指标能够达到全厂所有班组的第一名，并保持这个水平，对我们全组的人来说压力是比较大的。但是作为我们小组来说，各方面的管理都是比较正规的。班组经常开展组织学习，所以我们的技术水平提高也是比较快的。1975年还是1976年的时候，全厂组织首届操作运动会，我们汪兰英小组就在这次比赛中取得了比较好的成绩，我个人也获得了络纱第一名的成绩。那时候小组在生产上，大家你赶我帮，都是有激情的。在生活上我们也都是相互帮助，基本上我们小组的人都是住在宿舍里的。厂里有时候有些班、有些车间缺勤要影响生产了，我们都会半夜起来，帮着他们开车。

1977年的时候，工业学大庆，厂里面推荐我们参加了江苏省的工业学大庆会议。出席这次会议的大都是省劳模、省先进，这时候我们厂里有好几个师傅

职工俱乐部（上）
职工医院（下）

都去了，老的有沈若娟、陈大媛，还有徐玲珍。

我进汪兰英小组后没多久，就担任了工会组长。到1978年左右，因为新的学徒比较多，厂里面重视操作，就让我对细纱挡车和络纱的工作法进行整改并实地推广。

1980年左右，我到车间搞团工作，担任团组织书记。

问：什么车间？

答：二纺车间。那时候一个车间要1 000多人。我在团组织书记的岗位上工作了一年多的时间，1981年，在厂里面办的一个中专班学习了大概三年多一点的时间。然后就到一纺车间，担任纺布的工艺技术员，后来还担任了纺布工艺主任，就是车间副主任。

问：分管一车间是吧？

答：一纺车间。一纺车间是规模比较大的一个车间，最多的时候要一千四五百人。全厂纺部的进口设备，早期的时候基本上都是在这个车间。我在这个位置上，也是一边做一边学习。因为对于我来说，文化水平不高，就一个中专生嘛。改制以后，到 2000 年、2001 年的时候，我就从车间里出来了，到厂部，做全厂质检这一方面的工作。

问：您是什么时候的省劳模？
答：1977 年被评为省劳模，1979 年、1980 年被评为市劳模。

问：您刚才提到汪兰英，她当时是一位非常有名的全国劳模？
答：是的。全国有名的汪兰英小组，在纺织行业里，它是一个先进的标兵班。汪兰英是在 1949 年之前就在苏纶厂的，到 50 年代的时候，她是这个小组的组长。作为一个全国标兵组推荐出去以后，就以她的名字来命名这个小组了。

问：当时这个小组大概有多少人啊？
答：我进厂的时候，这个小组是十来个人。

问：您还有一个老师是省劳模徐玲珍？

答：对，双人徐，玲是王字旁，加个令，珍是珍珠的珍。徐玲珍应该是比较有名的，后来做社区书记了。

问：当时一个宿舍大概多少人？

答：十个床位，就是十个人。

问：当时每周休息一天时间？

答：1977年，生产任务很紧张，我们厂里面三纺车间也刚刚开，那时候就没有什么休息天了。3个星期，21天，就要开20班，有时候要21班。一个星期做早班，下个星期就做中班，再下个礼拜就做夜班。生产任务紧的时候，夜班出来还要做一个特别班。这一个班不是早班，是做到10点钟左右的。为了抢产量，一般规定提前15分钟左右交接班，但我们总是提前20分钟到半个小时就提前到岗。或者过了6点钟也不下班。

问：那么当时你们的薪酬怎么样？

答：我们进厂的时候，学徒第一年14块一个月，第二年16块，第三年19块。满师了以后就是一级工。工

苏纶纱厂职工合影
民国时期,苏州昔日工商业名城的地位虽已丧失,但凭借着水路、公路、铁路交通方便,仍不失为太湖地区的工业重镇和商业集散地。图为苏纶纱厂职工的合影照片,摄于1936年

苏纶纺织厂

资好像就是 32 块、33 块的样子，那时候在苏州应该说是属于比较高的。我们工资好像比织布工还要低一点，那时候没有加班工资的，像我们提前上班什么的都是义务劳动。

问：就只有固定的工资？

答：对。夜班有一个夜班费，就是发 2 毛钱的菜金。大家都真是很无私的，就是讲奉献。1986 年开始才有奖金。

黄淑韵访谈

口述者：黄淑韵
访录整理：沈骅、雷永芳
访谈时间：2019年3月9日
访谈地点：养育巷405号纺织工业协会

问：好，那么接下来哪位讲？

答：那我来讲吧。我叫黄淑韵。1955年出生的，15岁就跟着母亲下放了。回城的时候是1977年6月1号，我记得很清楚。我当时进厂，被分到三纺车间。三纺车间那个时候刚刚造好，在安装新机器，就是我们国产的新一代的512细纱机。我被分配去做细纱挡车工。我跟的师傅也是一个老工人，叫史金秀。她是生产组长。

最早的时候我没有住宿舍。当年我们下放上来也没地方住，就住在我奶奶家里，在接驾桥。从接驾桥

工时改革

苏州棉纺织业向来推行二班制，工时很不合理。苏南行署作出关于工时改革的决定，1952年8月5日，市工时改革委员会以苏纶、苏州、源康三厂为重点进行工时改革试点，将原来的二班制改成三班制，工人劳动时间从12小时改成8小时，改善了工人劳动条件，保护了工人身体健康。试点取得经验后，又在面粉厂、丝织厂、布厂等企业中进行推广。图为工时改革后的苏纶纱厂工人

到苏纶厂，早上6点钟上班，我4点多就要起来了。为什么呢？因为舍不得坐公交。我们要从接驾桥走到人民桥。交接班需要时间，所以还要提前15分钟到厂，这就是我为啥要这么早起来的原因。

我在运转班做了两年，到1979年结束。在这两年中间是"三班倒"，我还当了工会组长。既然当了工会组长，一通知停电了，就要带着大家一起学习。我们厂还开了补习班，就是一种复习班，复习了中学知识以后可以参加厂里技术学校的入学考试。我们有很多人参加的。

问：怎么上课呢？

答：早班，下午2点钟下班以后去上学。中班是2点钟上班，那需要你12点钟就来，先去上课。夜班，比方说夜里10点钟上班，那么吃过晚饭就要来上课，上到9点多再去上班。通过补习班补习，我考上了厂里的中专技校。我上学的时候是1979年，李（小密）主任她已经可以拿毕业证书了。我虽然是在三纺车间，但那个时候厂里纺部要求读书的人比较多，厂里就要平衡，所以我进了技校以后，就让我去读织造方面的课程。我们一个班级里面一半人学纺，一半人学织。基础课是在一起学的，学专业课的时候就分开学。两年以后学业结束，因为我当初成绩比较好，技校想把我留下来做老师。到了最后一天要通知的时候，结果他们说你不能做老师。为什么呢？我们三纺车间的主任叫吴金凤，也是很有名的，把车间管得很好。她去厂部开会的时候就提意见，说我们三纺车间出去的人为什么都不回来，然后就点名要我回去。我于是就回三纺车间，去当了值班长。

那个时候车间里是这样的，一个车间分前纺、后纺。前纺一个值班长，后纺一个值班长，还有一个总的值班长。一进车间就让我当总值班长。然后在班里面待了5年，又当了支部书记。

到1986年，那个时候我们一直在运转班。业余时间我去参加了高复班。因为我们厂里的学校实际上是没有文凭的。当年考上了江阴职工大学。选专业的时候，厂里面说，我们现在织造缺人，只能让你读织造，不能让你读纺纱。如果我要读纺纱，厂里就不同意我去上学，所以报了织造专业。

在江阴读了3年，回来以后就到了织造这一块。织造那时候分2个车间，准备车间跟织造车间。准备车间是织造车间的前道车间。我到准备车间，在那里先当质量管理员，然后当工艺员，做工艺副主任，再是做主任。当时正好有个管生产的调离了，于是生产调度跟工艺就是我一个人管。一直到1995年被调到技术科。

问：再说说改制的事情吧。

答：厂里一共改制了两次。第一次改制，员工都占一点股份，国有占大头，员工占小头。我到了技术科以后，开始竞聘上岗，还要发表竞岗演说。我竞聘的是副科长，就是负责织造这一块。到2000年的时候，苏纶厂重组，变成新苏纶纺织有限公司。

重组后，林耐伟当老总。他一直感觉产品开发是很重要的。我知道了这个信息后，就写了一篇东西给他，写的就是怎么样搞产品开发。他看了以后，就决定成立一个产品开发中心，让我去当产品开发中心主任。那个时候给了我一个小车间。当时重组，三纺车间锭子全给压掉了，就剩下几台机器。他说

旧社会纱厂童工,每天劳动常在12小时以上,民间称她们"鸡叫做到鬼叫"

三纺车间这几台机器给你，你去做开发。我说可以，现在产供销自己都有自主权了。所以当初也弄了很多产品，还拿到了部里面的项目，获了不少部级奖，一直到2004年公司关闭。

问：请再说说其他的吧。

答：其他的，就说我们家。我婆婆也是苏纶厂的老员工，最早是童工。她们那些人结婚、生孩子都是在苏纶厂的。那时候有苏纶子弟学校。我先生就是在苏纶子弟学校读的小学。我婆婆大概三十几岁就得了肺病，身体是不好，但她一直坚持在筒摇车间上班。她有60块钱的工资，60块钱的工资可以养活全家人。那时候有个政策，年纪大、有病的人可以病退。所以到48岁，她就病退了。我先生的妹妹就顶替进去，当我的徒弟。

问：还有什么想说的吗？

答：我们在苏纶厂，一开始是没有宿舍住的，后来申请了住宿舍。那时候没什么好的条件，宿舍是上下铺的，还要求把宿舍门口地上的草拔干净。但宿舍里

民兵训练打靶比赛
后排左一：黄淑韵

年轻人住在一起，也是蛮有意思的。食堂里菜很丰富，一天从早到晚都有供应。早上5点多食堂就开了，职工吃好饭就去换班。到10点，食堂又开了，在车间里的人要换班吃饭的。下午3点多，食堂又开了。夜班是9点多开，有的人可能需要先吃，不然就会来不及。以前虽然没有什么电视，但是生活还是蛮有趣的。苏纶厂还有游泳池，下了班就可以去游泳，都是免费的。

问：有当年的照片吗？

答：有。这张就是比赛获奖的时候。

问：这是什么比赛？

答：参加民兵训练，打靶的比赛。我们是团体第一名。

问：您在上面吗？

答：在上面，我是左手边第一位。还有这张，这张我是右边第一个。另外游泳的照片，我估计厂里的档案资料里面有。我们那个时候小，也不像现在有照相机，所以照片都是厂里面拍的。厂里还搞一些游泳

苏纶纱厂职工庆祝工厂实行公私合营
1954年9月

比赛，因为我喜欢游泳，所以也去参加，对这个印象比较深。后来因为要造"新一纺"，没有地方，就把游泳池给拆了。但老一纺的老房子现在还没有拆掉。

还有就是职工医院。生小孩可以在职工医院里生，住在职工医院住院部。我生小孩时，本来想在自己厂的医院里生。晚上到了职工医院里，医生说半夜了，你还是去（市里的）医院生吧，这才去的（市里的）医院。

那个时候苏纶厂托儿所非常好。我们只生一个小孩，有3个月的产假。产假以后人一上班小孩就带到托儿所。那个托儿所也是"三班倒"的，就是无论何时小孩都有人照顾。中间要喂奶了，直接去托儿所，夜班也可以去的。我是早班，自己先上班，然后我先生把小孩送到托儿所。等我先生下班吃过晚饭，再把小孩带回去，可以不依靠老人带小孩。小孩比如说有什么情况，托儿所工作人员会到车间里来叫你的。

问：再谈谈设备方面吧。

答：1949年左右准备车间的机器叫"幸福车"，就是在络筒机上装个凳子，这个凳子可以移动的，坐在上面脚一踩人就过来了，不用走来走去，所以叫"幸福车"。到1989年引进设备，最多的一批引进了总共8台新车，一下子就进到准备车间。这个8台车那时很厉害的，价格也是不得了的。我们的技术水平改进了，准备车间的"幸福车"全部不用了，改成全自动的了。原来要2个人看1台络筒机，现在1个人看1台就行了，而且产量是完全不一样的。可能1台要顶上4台，生产效率大大提高了。

王霞影访谈

口述者：王霞影
访录整理：沈骅、雷永芳
访谈时间：2019年3月9日
访谈地点：养育巷405号纺织工业协会

问：请介绍一下您的经历。

答：我叫王霞影，是苏纶厂的。我1954年出生，刚刚进厂的时候才16岁。那时候派到厂里的织造车间。织造车间有时候分前织、后织，我属于前织。我是坐着干活的，手工操作。到了大概1982年，就叫我做穿头间的大组长。后来出去脱产半年，进行技术的专业培训。回来以后做了一年质量管理员，把质量关的。后来又出去，是车间里派出去的，读了一年中专，就是在苏苑路上面的纺织中专。读了一年书回来，就派我做了前织的值班长。

在苏纶纱厂实行公私合营挂牌后,公方代表陈晖向全体职工表示热烈祝贺,1954年9月

我们刚进厂的时候是每天都要学习的，早班下班要读报纸。组长经常叫我读，说我的喉咙响，读得清楚。我住宿舍。我们厂里有3幢宿舍楼（甲乙丙），现在还在。每个班1幢楼房。我那个时候是丙班，楼前院子大得不得了。住宿舍很方便的，水电都不要钱。洗衣间里面有2个很大的洗衣台子，如果要洗被子，开水也不要钱。里面还有宿舍管理员。如果遇到上班下雨，宿舍管理员可以帮着收收衣物。

那时候我儿子也跟着我上班。厂里确实是很人性化的，我深有体会。因为小孩子会哭，会吵到别人，就专门设有"妈妈宿舍"，在最东面。我那个时候就占两间。不睡觉的时候到楼上我自己的房间；要上夜班，晚上要先睡一会儿的，就带着儿子住在"妈妈宿舍"。这样既不影响人家，又不影响我工作。

我们经常暗地里比赛，也没有奖金什么的。通常匆匆吃完饭，就把碗扔在一边去做活，一直做到红灯亮，才去洗碗、上厕所。好像你做得快，我非要超过你，就是这样的心情。我喜欢上班早一点，看着人家怎么做。这个师傅这个动作做得快，那个师傅那个动作做得快，就记在心里，自己做的时候慢慢

苏纶纺织厂青工在学习技术，1964年

也就快了。我前后一共带了 5 个徒弟，5 个徒弟也都是学我这样的。

还有就是我们厂里发生过"火灾"，"火灾"以后丝都被浇了水，我们要把它们整理出来，钢片都要擦干净。那时候忙得加班加点，厂里就发动了不少同事来帮助我们，因为我们根本就来不及处理。

问：您刚才提到的"火灾"是怎么回事情？

答：其实这个不是真正的火灾。纺织厂里面起火是经常会有的事情。起了火一下子就弄灭掉了。现场其他人员素质也高，都能够加班加点，不计报酬。那时候都没有为自己的。我们做值班长的，下午 2 点钟下班。但比如小组里面有人生小孩啦，生病啦，我们都下了班去家访的。我记得有一次车间里一对夫妻吵架要离婚，我就和我们车间的工会主席一起去上门做工作，到 6 点钟才回家。因为帮助别人就是享福。

我们苏纶厂职工做社区主任的有很多，现在还有好几十个人。1996 年我就从厂里出来了，被厂里推荐去当社区主任。我做了十几年。一直做到 2010 年，

苏纶纺织厂青工在学习技术，1964年

我才退休回家，属于"第二次退休"。

问：1996年压锭以后，您去居委会做社区工作？

答：是的。苏纶厂出去到社区的人都做得很好，人家都很欢迎的。我们吃苦耐劳嘛。南门外面原来有三个老厂，相对来说苏纶厂最老，还有一丝厂、丝织总厂。那个时候三句话："做煞苏纶厂"，就是说苏纶厂的工人最勤劳；"骂煞一丝厂"，一丝厂的人说话就像骂山门（苏州话，吵架）；"吃煞丝织总厂"，丝织总厂相对苏州人多，条件也比较好，吃得好，饭吃好后会再加一块排骨的。

1984年在市场经济条件下，一些设备老化、产品滞销、退休人员多、市场竞争能力不强的企业不得不实施破产。具有百年历史的苏纶纱厂为摆脱困境，于1999年2月8日实施破产。图为该厂正在拆卸旧的机器

狄兰花访谈

口述者：狄兰花
访录整理：沈骅、杨迪
访谈时间：2019年3月16日
访谈地点：苏州社会福利院

问：请您介绍一下自己的个人经历和对苏纶厂的了解。

答：我叫狄兰花。1931年出生。7岁就在丝厂做童工了。到了1949年，进了苏纶厂。后来工作到哪年，我都忘掉了。

问：您1949年是怎么进苏纶厂的？

答：工头过去叫拿摩温（number one 的音译）。1949年，我家旁边有个拿摩温。她呢，没有人带小孩，就叫我一起上班，并帮她带小孩，我同意了，她就把我介绍到苏纶厂里去了。

问：那个拿摩温是苏纶厂的？

答：是的。当时我是进的纺纱车间，属于细纱间挡车工，就是接头的。

问：当时你那个细纱间规模怎么样？

答：它那里机器是一台一台排着的。每台机器有1 000个锭子。每个人大概看1 000个锭子，有的时候要看1 500个，根据你的技术情况来安排。锭子上头是棉花，锭子纺下去就是纱了。如果断了纱，就要赶快接上去。

问：那么您接下来一直在苏纶厂工作？

答：做了二十几年，后来工作需要，调到内衣厂，当工会主席。

问：内衣厂？

答：就是在吴门桥那个地方的内衣厂。

问：那您在苏纶厂的时候，有没有什么印象比较深刻的事情？

答：那时上班要搜身，下班也要搜身。

问：为什么呢？

答：防止你们带东西回去。把你从上到下摸一遍才允许出门。后来厂里废除了这个程序。那时上班还拉汽笛呢，拉了笛以后就是上班时间。

问：工作强度大不大？辛不辛苦？

答：接线头需要跑得快。一天跑到晚。每天走的路可以从市里到木渎几个来回了。

问：1953年的时候是不是有个公私合营？

答：1953年，公私合营的时候陈晖是公方代表。

问：苏纶厂后来有多大规模？

答：大概1万人。

问：您对苏纶厂的印象怎么样？

答：纪律蛮严的。

苏纶纱厂第一宿舍旧址

问：工资改革是哪一年？

答：1953年。其他单位工资一般都是二十多块一个月，但苏纶厂人均已经五六十了。你从工资高低可以看出这个厂的影响。如果市场销售不好，不可能这么高的。苏纶厂的发展，其实也是苏州市工业发展的一个缩影。

问：当时苏纶厂还是在南门哪里？

答：一直没变过。高级技术人员宿舍是青砖小洋房，好像是二层楼，现在都还在。

问：就是在家乐福边上？

答：家乐福对面。往西的那边宿舍还在。沿马路的不是宿舍，靠里面那个才是宿舍。

问：那时候苏纶厂的福利好像还不错？

答：相当不错，不是一般不错。

问：比如呢？

答：比如伙食，汤是免费的。在其他厂里汤都是要钱的，

苏纶纺织厂最后的生产场景
1999年

哪怕1分钱、2分钱，所以只要稍微买一点菜就够了。如果上中班，厂里还送一顿。每个人有个肉圆，还有一盆素菜。我们就吃素菜，肉圆不舍得吃，带回来给小孩吃的。

厂里有自己的幼儿园，后来又有苏纶小学。小学就在现在的新市路上。苏纶厂有夜校扫盲班，那时候工人很少是有文化的。于是好多人都参加了扫盲班，出来以后可以自己写信、看书，做报告的时候也能自己写。

问：您被评为劳模是哪一年？是全国劳模吗？

答：1956年。当时讲"纺织系统群英会"，我们以为是全国劳模。但"文化大革命"以后说这个是行业性的，不是国家级的，是省一级的。

问：纺织系统里的群英会？

答：对。大概1962年。后来还受到国家领导人的接见。当时苏州去的就我一个人，可惜和领导人合影的照片我自己都没有拿到。1959年，我还作为中国工人代表团的一员到苏联去访问。回来了以后厂里准备保送我到华东纺织工学院学习，就是纺织工业部部长吴文英曾经就读的那个学校。如果去的话，就是跟吴文英同届同学了。当时我爱人正好被组织上保送到南大去读书。我和他两个人只能去一个，我就放弃了。

问：您能评上劳模主要是因为生产技术好吗？

答：我们那个时候评劳模只要看成绩。我会动小脑筋。机器坏了本来是机修工去修的，我就自己戴了眼镜也学着去修。比如螺丝松了纱就不下来，类似这种小问题我自己能修，所以我 1 000 个锭子当中停锭是最少的，产量就高。

苏州针织总厂

陈椿年访谈

口述者：陈椿年
访录整理：沈 骅、雷永芳
访谈时间：2019年3月9日
访谈地点：养育巷405号纺织工业协会

问：请您做个自我介绍，并谈谈在苏州针织总厂的情况。

答：我是陈椿年。我在1961年由无锡纺织工业学校的针织专业毕业以后，分配到苏州针织总厂，直到2004年4月份，苏州针织总厂被批准为政策性破产，我在这个厂连头带尾工作了43年。所以对于我来说，应该是见证了针织总厂兴衰的全过程。

我刚开始进厂的时候是一个技术员。在1980年以后，被提拔为技术科的副科长，后来成为一分厂的厂长，再到针织总厂的副厂长、总经济师兼进出口部的经理。在2000年左右也就是针织总厂的最后几年，我被调任为正厂长、法人代表。针织总厂在2004年结束的时候，是我以法人代表的身份来做了技术工作。

问：我们厂是何时成立的？

答：苏州针织总厂是1956年的6月份成立的。当时是由5家针织厂、28家袜厂、3家并线厂、1家横机厂，还有1家茶馆合并起来的。厂实际上非常小，那5家针织厂，每家人数最少的3个，最多的8个，实际上就是作坊，厂里总共也98个人。1956年1月份改叫公私合营苏州针织厂，到1958年时，批准改为地方国营苏州针织内衣厂。1980年，改名苏州针织总厂。

我们厂最辉煌的时候是1983年到1988年，6年中我们的人员增加到1 600人。在1986年的生产规模，现在听起来是一个天文数字，年产量达到1 200万件，每个月要有100万件的汗衫生产出来，就是每天要生产4万件。现在看起来这是无法想象的事情。

1983年到1988年，我们上缴给国家的利税是4 100万，平均每年近700万元人民币。这个得益于改革开放，还有我们的吴鸿烈总工程师，他是立了功的。

因为他（20世纪）80年代到英国、法国、意大利考察，考察以后进口了一批针织机器。例如德国的克朗茨定型机。化纤产品染整以后一定要经过定型。在100 ℃的高温下面定型以后，化纤产品会抗皱，就算把它折皱了团起来，放开也是平整的。当时染整方面，我们还有意大利的巴苏尼染色机、化纤用的大圆机。那个时候丝绸在市面上还比较少，因此依靠这些机器生产的人造化纤丝绸当时非常畅销。

问：您对我们厂有哪些印象深刻的事情？

答：我对针织总厂印象比较深刻的点，排第一位就是大家都是廉洁奉公、无私奉献。我们的第一任厂长是金元孝，他是20世纪40年代的地下党。书记叫石淑婉，他原来是新四军。从他们开始一直到我之前的厂长薛霞云，每一代的厂长，我感觉按照现在的眼光来看，都是非常廉洁奉公的，工人勤勤恳恳。全厂在质量上面精益求精，拿现在的话讲，就是有工匠精神，不是马马虎虎的。

我举几个小的例子。就说现在买的棉毛衫，你可能发现袖口上面的线头一大把，下边的线头又是一大

苏州针织业始于民国初,有织袜、毛巾等厂家,内衣加工则始于1929年。1956年成立苏州针织厂,1958年建立国营苏州针织内衣厂。图为该厂车间,1958年把，一个不小心线头一拉，整个缝就脱掉了。而我们那时候线头都要求挡车工修光的，谁留一个线头的话就要扣分。我们现在的棉毛衫袖子可能会越穿越长，领圈最后大得掉到胸口。而我们当时围绕这个问题就组织攻关了，采取了一系列措施。当然最简单的办法就是在后领上面贴直条。因为针织产品的特点，棉毛衫横向的拉伸性非常大，横向不注意的话，这件衣服就变成方的了。贴了直条，就限制了衣服横向的拉伸。我现在买的棉毛衫，下水以后，还会用家用缝纫机在上面贴一条。

我们有一个名牌产品，是42支精梳精漂的汗衫，也是纺织部的优质产品。当时我们用的纱一定是无锡庆丰纺织厂（就是无锡第二棉纺织厂）供应的纱。它的纱条干均匀，羽毛比较少，方方面面都是非常好的。苏纶纺织厂当时为了要替代庆丰纱，就在纺织公司的牵头下，由许泉生总工程师带领前纺、后纺、后道，跟我们苏州针织总厂负责质量的吴鸿烈两方面统筹研发。

问：我们厂得过哪些荣誉？

答：苏州针织总厂是苏州纺织系统第一个获得国家金质奖的单位。1984年，吴鸿烈总工程师引进的大圆机生产的涤花绡，被评为国家金质奖。1985年，我们60支线的汗衫被评为国家银质奖。1989年，被授予进出口经营权，这个也是走在前面的。本来我们的外贸产品一定要经过江苏省针织产品进出口公司出口，现在自己厂里能够进出口，直接跟日本的企业做生意。还有就是我们苏州针织总厂举办过第一届（也是唯一一届）江苏省的操作运动会。

苏州针织总厂也是苏州纺织行业当中最后破产清算的，到2004年4月份才结束。清算会议上，我是最后做陈述的，我引用了北宋词人晏殊的一句话，"无可奈何花落去"。我们针织总厂从98人到1 600人，由弱到强，从名不见经传的一个作坊式企业，发展到一个有进出口经营权的企业，一个在短短的6年里为国家贡献了4 100万元利税的企业，但是最后"无可奈何花落去"。我们后来也成立了一家转制公司，叫荣盛针织有限公司，是我们自己出资300万成立的，买了针织总厂部分的缝纫设备。因为染整和织造的设备很贵，买不起，就买了缝纫设备，后来变成一个缝纫制衣厂。这里又要用晏殊词里的下一句了，"似曾相识燕归来"。是啊，尽管也是在生产针织产品，但是跟当时的针织总厂不能同日而语，规模小，方方面面都比不上的。

问：隆盛是你们投资的？

答：对。隆是兴隆的隆，盛是茂盛的盛。我们自己后来搞的。

我给你们准备了影像资料。分两个部分，第一部分是1986年，我们苏州针织总厂唯一的厂庆视频，当时赵永刚厂长举办的，邀请了原厂长金元孝、原书记石淑婉。第二部分是庆祝会，庆祝会上有厂长、书记的发言，如范凤珍的发言、金元孝的发言，这个也是非常珍贵的资料。

问：好的，谢谢。您提到的他们的名字怎么写？

答：视频里面做了字幕的。

吴鸿烈访谈

口述者：吴鸿烈
访录整理：沈骅、雷永芳
访谈时间：2019年3月9日
访谈地点：养育巷405号纺织工业协会

问：请您介绍一下自己的经历和您对厂史的记忆吧。

答：我叫吴鸿烈，1958年无锡纺校针织专业毕业的，是中国针织专业的第一届毕业生。毕业以后到地方国营苏州针织内衣厂。它是1956年成立的，1958年大发展，一分为三，皋桥头留下的就是羊毛衫厂，内衣厂分到盘门吴门桥下，还有一个白塔西路上的苏州袜厂。我就在针织内衣厂。到厂以后，在织造车间实习。利用原来的厂房改造时，上面房子拆掉，发现下面还有日本人搞的水牢。那个时候苏州的针织业是相当落后的，落后到什么程度呢？说出来都要笑的。原来的苏州是没有织的,是到上海去买布的,买汗布、棉毛布、绒布,回来用缝纫机做成汗衫、棉毛衫裤。1958年以后,开始有织造了,相关设备都是上海针织厂淘汰下来的,还请来上海的老师傅,总体设备水平是较低的。

当时的商标叫"新苏州",蛮有名的。我去实习,从挡车工开始,到1965年。厂里原来是三班,抽出一班人去大炼钢铁,剩下两班人做12个小时,我也经历过,早6点钟进厂到晚6点钟下来,或者晚6点进厂到早6点下来。

1960年时,我们这个厂差一点关门。因为棉纱是国家统配物资,由省纺织厅定点供应。上面没有拨棉纱,厂里就做人造丝汗衫。剩余的人到各个县里去做。后来稍微能拿到点棉纱了,于是42支的纱做汗衫背心,32支的纱做棉毛衫裤。1964年时,商业部门在上海评比,看纱业方面哪个最好,结果苏州针织内衣厂冒出来了,这样就有点小名气了。

20世纪70年代开始是厂里最好的时代。当时纺织部有个规划,发展针毛化,就是全国发展针织、毛纺、化纤,主要发展比较薄弱但是有前途的厂。省纺织厅在1972年开全省会议，确定江苏省4家针织厂为省里重点发展对象：一个苏州的，一个无锡的，一个常州的，一个南京的。其中苏州厂和常州厂发展化纤，就是在老的产品上开发化纤产品。那时候做针织卫衣，在老的机器上做的，做出后在苏州工业品展销商店，就是后来的一百商场去展销。我记得很清楚的，一条西裤卖31块钱，这个价格超过了全毛西裤的价格。因为这个西裤很好洗，烫都不要烫，齐整的，而全毛的穿过一定要烫的。

后来逐步买了一些国内新的机器。到1978年以后，纺织部批准我们利用英、法、意的贷款，来进口三个国家的设备。从1980年开始，省纺织厅组织进出口公司和相关的人，一起到英、法、意考察了56天。看哪个国家的设备好，就订下来。我们是江苏省第二家进口设备的，第一家是常州针织总厂，它们进口得还要早，在70年代。我们进口的主要是织造、印染设备。当时国内无法生产很细的涤纶丝。织机引进后，染整配套的设备也引进了，染色机、定型机、印花机、染丝机等，当时都是比较先进的。从经济角度看，做1吨印花布，利润要1万元，而且供不应求。

还有上毛丝光机，生产棉的仿丝绸，像丝一样光，属于高档产品，上海"三枪"那时还没有这个机器，就到我们厂里来加工。

厂里特别注重质量管理。设备上去，做的产品售价很高，如果质量出问题，损失就大了，所以成立了专门的机构把控质量。我们也成为纺织部的质量管理先进单位。我们厂获了全国针织行业第一个金质奖，获金质奖的样品还曾陈列在南通的纺织博物馆。当时是我送过去的，放在博物馆里面，现在不知道还在不在了。

1984年时，针织总厂从盘门搬到南环路。厂是全部重新造起来的，有织造车间、漂印车间等。原来那里都是农田。我们的厂房当时是苏州的标志性建筑，30米高，可能是苏州工厂厂房最高的。后来造高架，定向爆破了。厂原来只有三个车间，后来变成六个。其中两个织造车间，一个全部做棉内衣，一个做化纤产品。染织也有两个车间，一个做棉的，一个做化纤的。成衣也有两个车间，一个做内衣，一个做外衣。还有一个知青纱厂，有1万多纱锭，但时间不长。我们厂是90年代开始走下坡路的。

我从 1958 年进厂后到 2000 年退休,经历了苏州针织总厂的大部分变迁,但破产这一段历史我没有经历。

问:以前厂房就是在南环路的,对吧?
答:南环路 1 号。盘门的旧厂现在是一个公园了。